我国电力产业成本监管的机制设计
——防范规制合谋视角

The Mechanism Design of Cost Supervision in
China's Electric Power Industry
—From the Perspective of Preventing Regulation Collusion

杨菲菲　著

经济管理出版社
ECONOMY & MANAGEMENT PUBLISHING HOUSE

图书在版编目（CIP）数据

我国电力产业成本监管的机制设计：防范规制合谋视角/杨菲菲著. —北京：经济管理出版社，2020.6

ISBN 978-7-5096-7162-7

Ⅰ.①我… Ⅱ.①杨… Ⅲ.①电力工业—成本管理—监管制度—研究—中国
Ⅳ.①F426.61

中国版本图书馆 CIP 数据核字（2020）第 093217 号

组稿编辑：宋　娜
责任编辑：宋　娜　张馨予　丁凤珠
责任印制：黄章平
责任校对：董杉册

出版发行：经济管理出版社
　　　　　（北京市海淀区北蜂窝 8 号中雅大厦 A 座 11 层　　100038）
网　　址：www. E-mp. com. cn
电　　话：（010）51915602
印　　刷：三河市延风印装有限公司
经　　销：新华书店
开　　本：720mm×1000mm/16
印　　张：15
字　　数：215 千字
版　　次：2020 年 8 月第 1 版　　2020 年 8 月第 1 次印刷
书　　号：ISBN 978-7-5096-7162-7
定　　价：98.00 元

本书获国家自然科学基金面上项目"西部电能开发中电力与环境协调监管机制研究"（项目编号：90510016）、国家自然科学基金青年项目"基于演化博弈的电力行业二氧化碳排放权定价理论及政策设计"（项目编号：70903080）、国家自然科学基金面上项目"可再生能源配额交易制度对能源系统的影响机理与适应策略研究"（项目编号：71273088）的资助。

序　言

博士后制度在我国落地生根已逾 30 年，已经成为国家人才体系建设中的重要一环。30 多年来，博士后制度对推动我国人事人才体制机制改革、促进科技创新和经济社会发展发挥了重要的作用，也培养了一批国家急需的高层次创新型人才。

自 1986 年 1 月开始招收第一名博士后研究人员起，截至目前，国家已累计招收 14 万余名博士后研究人员，已经出站的博士后大多成为各领域的科研骨干和学术带头人。其中，已有 50 余位博士后当选两院院士；众多博士后入选各类人才计划，其中，国家百千万人才工程年入选率达 34.36%，国家杰出青年科学基金入选率平均达 21.04%，教育部"长江学者"入选率平均达 10% 左右。

2015 年底，国务院办公厅出台《关于改革完善博士后制度的意见》，要求各地各部门各设站单位按照党中央、国务院决策部署，牢固树立并切实贯彻创新、协调、绿色、开放、共享的发展理念，深入实施创新驱动发展战略和人才优先发展战略，完善体制机制，健全服务体系，推动博士后事业科学发展。这为我国博士后事业的进一步发展指明了方向，也为哲学社会科学领域博士后工作提出了新的研究方向。

习近平总书记在 2016 年 5 月 17 日全国哲学社会科学工作座谈会上发表重要讲话指出：一个国家的发展水平，既取决于自然科学发展水平，也取决于哲学社会科学发展水平。一个没有发达的自然科学的国家不可能走在世界前列，一个没有繁荣的哲学社会科学的国家也不可能走在世界前列。坚持和发展中国特色社会主义，需要不断在实践中和理论上进行探索、用发展着的理论指导发展着的实践。在这个过程中，哲学社会科学具有不可替代的重要地位，哲学社会科学工作者具有不可替代的重要作用。这是党和国家领导人对包括哲学社会科学博士后在内的所有哲学社会科学领域的研究者、工作者提出的殷切希望！

中国社会科学院是中央直属的国家哲学社会科学研究机构，在哲学社会科学博士后工作领域处于领军地位。为充分调动哲学社会科学博士后研究人员科研创新的积极性，展示哲学社会科学领域博士后的优秀成果，提高我国哲学社会科学发展的整体水平，中国社会科学院和全国博士后管理委员会于 2012 年联合推出了《中国社会科学博士后文库》（以下简称《文库》），每年在全国范围内择优出版博士后成果。经过多年的发展，《文库》已经成为集中、系统、全面反映我国哲学社会科学博士后优秀成果的高端学术平台，学术影响力和社会影响力逐年提高。

下一步，做好哲学社会科学博士后工作，做好《文库》工作，要认真学习领会习近平总书记系列重要讲话精神，自觉肩负起新的时代使命，锐意创新、发奋进取。为此，需做到：

第一，始终坚持马克思主义的指导地位。哲学社会科学研究离不开正确的世界观、方法论的指导。习近平总书记深刻指出：坚持以马克思主义为指导，是当代中国哲学社会科学区别于其他哲学社会科学的根本标志，必须旗帜鲜明加以坚持。马克思主义揭示了事物的本质、内在联系及发展规律，是"伟大的认识工具"，是人们观察世界、分析问题的有力思想武器。马克思主义尽管诞生在一个半多世纪之前，但在当今时代，马克思主义与新的时代实践结合起来，越来越显示出更加强大的生命力。哲学社会科学博士后研究人员应该更加自觉地坚持马克思主义在科研工作中的指导地位，继续推进马克思主义中国化、时代化、大众化，继续发展 21 世纪马克思主义、当代中国马克思主义。要继续把《文库》建设成为马克思主义中国化最新理论成果宣传、展示、交流的平台，为中国特色社会主义建设提供强有力的理论支撑。

第二，逐步树立智库意识和品牌意识。哲学社会科学肩负着回答时代命题、规划未来道路的使命。当前中央对哲学社会科学越加重视，尤其是提出要发挥哲学社会科学在治国理政、提高改革决策水平、推进国家治理体系和治理能力现代化中的作用。从 2015 年开始，中央已启动了国家高端智库的建设，这对哲学社会科学博士后工作提出了更高的针对性要求，也为哲学社会科学博士后研究提供了更为广阔的应用空间。《文库》依托中国社会科学院，面向全国哲学社会科学领域博士后科研流动站、工作站的博士后征集优秀成果，入选出版的著作也代表了哲学社会科学博士后最高的学术研究水平。因此，要善于把中国社会科学院服务党和国家决策的大智库功能与《文库》的小智库功能结合起来，进而以智库意识推动品牌意识建设，最终树立《文库》的智库意识和品牌意识。

第三，积极推动中国特色哲学社会科学学术体系和话语体系建设。改革开放 30 多年来，我国在经济建设、政治建设、文化建设、社会建设、生态文明建设和党的建设各个领域都取得了举世瞩目的成就，比历史上任何时期都更接近中华民族伟大复兴的目标。但正如习近平总书记所指出的那样：在解读中国实践、构建中国理论上，我们应该最有发言权，但实际上我国哲学社会科学在国际上的声音还比较小，还处于"有理说不出、说了传不开"的境地。这里问题的实质，就是中国特色、中国特质的哲学社会科学学术体系和话语体系的缺失和建设问题。具有中国特色、中国特质的学术体系和话语体系必然是由具有中国特色、中国特质的概念、范畴和学科等组成。这一切不是凭空想象得来的，而是在中国化的马克思主义指导下，在参考我们民族特质、历史智慧的基础上再创造出来的。在这一过程中，积极吸纳儒、释、道、墨、名、法、农、杂、兵等各家学说的精髓，无疑是保持中国特色、中国特质的重要保证。换言之，不能站在历史、文化虚无主义立场搞研究。要通过《文库》积极引导哲学社会科学博士后研究人员：一方面，要积极吸收古今中外各种学术资源，坚持古为今用、洋为中用。另一方面，要以中国自己的实践为研究定位，围绕中国自己的问题，坚持问题导向，努力探索具备中国特色、中国特质的概念、范畴与理论体系，在体现继承性和民族性、体现原创性和时代性、体现系统性和专业性方面，不断加强和深化中国特色学术体系和话语体系建设。

新形势下，我国哲学社会科学地位更加重要、任务更加繁重。衷心希望广大哲学社会科学博士后工作者和博士后们，以《文库》系列著作的出版为契机，以习近平总书记在全国哲学社会科学座谈会上的讲话为根本遵循，将自身的研究工作与时代的需求结合起来，将自身的研究工作与国家和人民的召唤结合起来，以深厚的学识修养赢得尊重，以高尚的人格魅力引领风气，在为祖国、为人民立德立功立言中，在实现中华民族伟大复兴中国梦的征程中，成就自我、实现价值。

是为序。

王京清

中国社会科学院副院长

中国社会科学院博士后管理委员会主任

2016 年 12 月 1 日

摘 要

在世界经济增速整体放缓和国内经济发展进入"新常态"的背景下，党中央、国务院开启了供给侧结构性改革的新实践。以供给侧结构性改革为主线，电力工业推进电力发展质量变革、效率变革、动力变革，并以效率变革为主线，推动电力市场化改革。通过建立健全电力价格机制，优化电力能源资源配置，降低实体经济成本，助力电力供给侧结构性改革。然而，电力产品自然垄断的特点以及电力产业管制的需求使得电力监管下政府失灵以及由此带来的利益集团与规制机构之间的规制合谋，成为新一轮电力体制改革下电力产业成本监管时必须正视的问题。作为正处于经济转型期的中国，经济快速发展对电力资源的高度依赖性将在很长一段时期内一直存在，继续加紧对中国电力产业成本监管体系的完善对于电力价格机制的建立健全显得尤为重要。因此，在中国电力产业监管领域中，针对成本监管过程中规制合谋行为进行防范机制设计，对于强化电力产业成本监管、确保政府制定电力价格政策得以有效实施至关重要，对降低实体经济成本、推进电力市场化改革具有重大的现实意义。

本书在分析世界电力产业监管发展历程和规制合谋的基础上，结合我国电力产业监管演变过程，总结电力监管中可能存在的规制合谋行为，选择目前电力产业成本监管中突出的规制合谋行为作为研究对象。基于委托—代理理论，对电力成本监管的规制合谋进行经济学行为分析，并基于电力监管理论、规制经济学、组织合谋理论，结合规制合谋行为的不同特点，寻找规制合谋防范的可行途径或思路，设计相应的防范机制，力求通过对我国电力产业成本监管中规制合谋行为的研究，对组织合谋理论进行有益补充，同时为我国电力产业监管体制的完善提供理论依据。

针对发电企业成本监管中规制合谋进行防范机制设计，包括如下三部分内容：

一是经济性规制下发电企业成本监管中规制合谋及防范机制的设计。在传统的单指标调度模式下，基于组织合谋理论"P–S–A框架下单指标决策时电力监管者与发电企业合谋的模型"，设计能够防范发电企业与电力监管者之间合谋的发电出力分配合约；根据电力行业近年来开展节能发电调度的实际，引入环境监测数据的公共信息，在多指标调度模式下，将"P–S–A框架下单指标决策时电力监管者与发电企业合谋的模型"扩展为"P–S1、S2–A框架下多指标决策时电力监管者与发电企业合谋的模型"，设计能够防范发电企业与电力监管者之间合谋的发电出力分配合约。进一步地，比较分析单指标调度和双指标调度模式的防合谋效率，选择防合谋有效的调度模式，为现有"规制合谋与电力价格机制"的研究提供一定参考。

二是环境规制下电价补贴中规制合谋防范机制的设计。以脱硝电价补贴为例，依据治污技术逐步提高的特点，从脱硝补贴随着脱硝成本变动的不同情况出发，定义环境补贴的3种分阶段定价策略，对比分析"固定定价"和"分阶段定价"策略下达成合谋的均衡条件、合谋生成所需的贿金及防合谋成本，选择防合谋有效的脱硝电价补贴机制，为现有"规制合谋与环境规制政策"的研究提供一定参考。

三是经济性和环境双重规制下发电企业成本监管中规制合谋防范机制的设计。针对发电市场中可能的双重规制合谋问题，根据经济性和环境两种不同职能的规制在不同发展阶段下规制地位发生变化的特点，将"P-S1、S2-A 框架下两个监管者与发电企业同时合谋的模型"扩展为"P-S1-S2-A 框架下规制次序为监管者 2 先行时监管者 2 与代理人先合谋、监管者 1 与代理人后合谋"和"P-S2-S1-A 框架下规制次序为监管者 1 先行时监管者 1 与代理人先合谋、监管者 2 与代理人后合谋"，分别设计能够防范规制合谋的发电出力分配合约，并比较分析不同规制次序的防合谋效率。通过深入分析规制次序对信息结构和合谋效果的影响，以期对现有多监管者框架下规制合谋防范的研究进行有益补充。

最后，引入输电成本核定下规制合谋进行防范机制设计。结合当前我国输配电价改革中独立输配电价"准许成本加合理收益"的测算原则，针对输配电成本监管中可能的输电企业与电力监管者的规制合谋行为，在激励机制中加入固定惩罚或者可变惩罚两种策略，应用组织合谋理论的 P-S-A 模型，设计防范规制合谋的"I+FP"机制和"I+VP"机制。在此基础上，比较不同防合谋机制下的输电量变化，选择防合谋有效的惩罚策略，这有助于补充与完善防范规制合谋惩罚策略的相关文献。

关键词：成本监管；机制设计；防范规制合谋

Abstract

The growth of global economic is slowing down and the development of domestic economic is entering a "new normal". Under the background, the CPC Central Committee and the State Council have initiated a new practice of Supply-side Structural Reform. With the Supply-side Structural reform as the main line, the electric power industry promotes the electric power development's quality, efficiency and impetus reform. And with the efficiency reform as the main line, the reform of electric power market is promoted. By means of establishing and improving the electricity price mechanism, optimizing the allocation of power energy resources, and reducing the real economic costs to help the Supply-side Structural Reform. However, the characteristics of electric power products' natural monopoly and the demand for electric power industry' regulation make the government failure under electric power regulation, the resulting regulatory collusions between interest groups and regulatory agencies become the problems that must be faced in the cost supervision of electric power industry under the new round of electric power system reform. As China is in the period of economic transition, the high dependence of rapid economic development on power resources will exist for a long time. Continuing to strengthen the improvement of the cost supervision system of China's electric power industry is particularly important for the establishment and improvement of the electricity price mechanism.

Therefore, in the field of China's power industry supervision, it is very important to study the regulatory collusion and design its prevention mechanism in the process of cost supervision for strengthening the cost supervision of power industry, and ensuring the effective implementation of the power price policy formulated by the government. Meanwhile, it is also of great practical significance for reducing the cost of real economy and promoting the reform of electricity market.

Based on the analysis of the development process and regulatory collusion of the world's electric power industry, this monograph summarizes the possible regulatory collusion in electric power regulation combining with the evolution process of China's electric power industry regulation, and chooses the prominent regulatory collusions in the current cost regulation of electric power industry as the research object. Based on the Principal-agent Theory, this monograph conducts an economic analysis of regulatory collusion in power cost regulation. Based on the Theory of Electric Power Regulation, Regulation Economics and Organization Collusion, and combined with the different characteristics of regulation collusions, the feasible ways or ideas of preventing the regulation collusions are sought, and the corresponding prevention mechanisms are designed. Through the study on the regulation of collusions in the cost supervision of power industry in China, this monograph tries to supplement the Organizational Collusion Theory, and meanwhile, provide theoretical basis for the improvement of the supervision system of China's power industry.

This monograph designes the prevention mechanism of regulatory collusion in the cost supervision of power generation enterprises, including the following three parts:

One is the regulation collusion and the design of prevention mechanism in cost supervision of power generation enterprises under the economic regulation. Under the traditional single−index dispatching mode, based on the Organizational Collusion Theory, and "the collusion model between power regulators and power generation enterprises in single−index decision−making under the framework of P−S−A", this monograph designs a generation output distribution contract that can prevent collusion between power generation enterprises and power regulators. According to the practice of energy−saving power generation dispatch in power industry in recent years, the public information of environmental monitoring data is introduced. Under the multi−index dispatching mode, the model of "collusion between power regulators and power generation enterprises in single−index decision−making under the framework of P−S−A" is extended to the model of "collusion between power regulators and power generation enterprises in multi−index decision−making under the framework of P−S1 and S2−A", and a generation output distribution contract that can prevent collusion between power generation enterprises and power regulators is designed. Further, we compare and analyze the collusion prevention efficiency of single−index dispatching and double−index dispatching modes, and select effective dispatching modes for preventing collusions. All of these provide some reference for the existing research on "regulation collusion and power price mechanism".

Secondly, we designed the prevention mechanism of regulation collusion in electricity price subsidy under the environmental regulation. Taking Denitrification Compensation Price Mechanism as an example, based on the characteristics of gradual improvement of pollution control technology, three kinds of staged pricing strategies of environmental subsidy are defined according to the different situations of denitrification subsidy with the change of denitrification cost. By ana-lyzing and comparing the equilibrium conditions of collusion, the bribes required for collusion generation and collusion prevention costs under the "fixed pricing" and "staged pricing" strategies, the mono-graph chooses a denitrification compensation price mechanism which pre-vents the collusion effectively. It provides some reference for the ex-isting research on "regulatory collusion and environmental regulation policy".

Thirdly, we designed the prevention mechanism of regulation collu-sion in the cost supervision of power generation enterprises under the dual regulation of economy and environment. In view of the possible dual regulation collusion in power generation market, according to the regulation characteristics of two different functions changing in dif-ferent stages of development, we extend the model of "simultaneous col-lusion between two regulators and power generation enterprises under the framework of P–S1 and S2–A" to "regulator 2 and the agent first collusion under the P–S1–S2–A framework in which supervisor 2 acts first" and "regulator 1 and the agent first collusion under the P–S1–S2–A framework in which supervisor 1 acts first", and a generation output distribution contract that can prevent collusion between power generation enterprises and power regulators is designed respectively. The efficiency of collusion prevention in different regulatory order is al-so compared and analyzed. Through in–depth analysis of the impact of regulatory order on information structure and collusion formation, we hope to make a useful supplement to the existing research on the pre-vention of regulatory collusion under the framework of multiple regula-tors.

Finally, we designed the prevention mechanism of regulation collusion for transmission cost verification. At present, in the reform of trans-mission and distribution price in China, the principle of "allowable cost plus reasonable income" is adopted in the calculation of inde-pendent transmission and distribution price. To prevent the possible regulatory collusion between power transmission enterprises and power regulators in transmission and distribution cost supervision, two kinds of strategies of fixed penalty or variable penalty are added to the incentive mechanism. Applying the P−S−A model of the Organizational Collusion Theory, we design the "I+FP" mechanism and "I+VP" mechanism to prevent and control collusion. On this basis, compare the changes of transmission volume under different collusion prevention mechanisms and choose a strategy which prevents the collusion effectively. It is helpful to supplement the existing literature on the punishment strategies for preventing regulation collusion.

Key Words: Cost Supervision; Mechanisms Design; Preventing Regulation Collusion

目　录

第一章　我国电力产业成本监管中的规制合谋行为 ………… 1

　　第一节　研究背景 ……………………………………… 1

　　第二节　世界电力产业监管的发展历程与规制合谋行为 … 8

　　　　一、世界电力产业监管的发展历程 ……………… 8

　　　　二、世界电力监管中的规制合谋行为 …………… 11

　　第三节　我国电力产业监管的发展演变 ……………… 12

　　　　一、我国电力产业经济性规制的发展演变 ……… 12

　　　　二、我国电力产业环境规制概述 ………………… 26

　　　　三、我国电力产业双重规制的发展趋势 ………… 30

　　第四节　我国发电企业成本监管中的规制合谋行为 … 31

　　　　一、经济性规制下成本监管中的规制合谋行为 … 31

　　　　二、环境规制下成本监管中的规制合谋行为 …… 35

　　　　三、双重规制下成本监管中的规制合谋行为 …… 36

　　第五节　我国输配电成本核定下的规制合谋行为 …… 37

　　第六节　研究对象的确定 ……………………………… 38

第二章　我国电力产业成本监管规制合谋防范机制设计的
　　　　必要性 ……………………………………………… 41

　　第一节　现实背景 ……………………………………… 41

　　第二节　相关理论依据 ………………………………… 42

一、电力监管理论的研究动态 ……………………………… 42

二、规制经济学的发展动态 ………………………………… 56

三、组织合谋理论的研究动态 ……………………………… 64

四、理论评述 ………………………………………………… 76

五、主要概念界定：规制、监管、合谋、俘获与寻租 …… 77

第三章　我国电力产业成本监管中规制合谋行为的经济学分析
　　　　与防合谋初步设想 ……………………………………… 83

第一节　我国电力产业成本监管中规制合谋行为的经济学分析
　　　　与描述 …………………………………………………… 83

一、规制合谋行为产生的经济学分析——基于委托—代理
理论 ………………………………………………………… 84

二、我国电力产业成本监管中规制合谋行为的经济学
描述 ………………………………………………………… 87

第二节　我国电力产业成本监管中规制合谋防范机制设计的
　　　　总原则 …………………………………………………… 90

第三节　我国电力产业成本监管中规制合谋防范机制设计的
　　　　两个切入点 ……………………………………………… 92

第四节　我国电力产业成本监管中规制合谋防范机制设计的
　　　　两项基本内容 …………………………………………… 93

一、我国发电企业成本监管中规制合谋防范机制设计 …… 94

二、我国输配电成本核定下规制合谋防范机制设计 ……… 95

第五节　规制合谋防范机制设计的研究方法和技术路线 ……… 96

第四章　经济性规制下发电企业成本监管规制合谋防范
　　　　机制设计 ………………………………………………… 99

第一节　防范发电成本规制合谋的基本思想 …………………… 99

第二节　单指标调度下防合谋合约 ……………………………… 103

一、基本模型 ……………………………………………… 103

二、无合谋合约 …………………………………………… 104

三、防合谋合约 …………………………………………… 106

第三节　多指标调度下防合谋合约 ……………………… 107

一、基本模型的扩展 ……………………………………… 107

二、无合谋合约 …………………………………………… 108

三、防合谋合约 …………………………………………… 110

第四节　政府对两种调度模式的选择 …………………… 111

第五节　结论与政策建议 ………………………………… 112

第五章　环境规制下发电企业成本监管规制合谋防范
　　　　机制设计 ………………………………………… 117

第一节　防范发电环境规制合谋的基本思想 …………… 118

第二节　基本模型假设 …………………………………… 120

第三节　固定补贴电价下规制合谋发生的条件与贿金确定 … 122

第四节　分阶段补贴电价下规制合谋发生的条件与贿金确定 … 124

一、脱硝补贴随着脱硝成本做出同样的变化 …………… 124

二、脱硝补贴的减少速度比脱硝成本的减少速度快 …… 125

三、脱硝补贴的减少速度没有脱硝成本的减少速度快 … 126

第五节　政府对补贴电价机制的选择 …………………… 127

第六节　结论及政策建议 ………………………………… 129

第六章　双重规制下发电企业成本监管规制合谋防范
　　　　机制设计 ………………………………………… 133

第一节　防范双重规制合谋的基本思想 ………………… 134

第二节　无合谋合约 ……………………………………… 136

一、模型假设 ……………………………………………… 136

二、模型建立与无合谋合约 ……………………………… 137

第三节　双重规制模式下防合谋合约 ……………………… 140

一、模式 1 下防合谋合约 …………………………………… 140

二、模式 2 下防合谋合约 …………………………………… 143

第四节　政府的选择 ………………………………………… 146

第五节　结论及政策建议 …………………………………… 147

第七章　输电成本核定下规制合谋防范机制设计 ………… 151

第一节　防范输电成本规制合谋的基本思想 ……………… 151

第二节　无合谋合约 ………………………………………… 153

一、基本模型 ………………………………………………… 153

二、无合谋合约 ……………………………………………… 154

第三节　"I+FP" 机制和 "I+VP" 机制下的防合谋合约 ……… 156

一、"I+FP" 机制下的防合谋合约 …………………………… 157

二、"I+VP" 机制下的防合谋合约 …………………………… 158

第四节　政府对两种奖惩机制的选择 ……………………… 159

第五节　结论与政策建议 …………………………………… 160

第八章　研究结论与展望 …………………………………… 163

第一节　研究结论 …………………………………………… 163

第二节　有待继续研究的领域 ……………………………… 168

参考文献 ……………………………………………………… 173

索　引 ………………………………………………………… 189

后　记 ………………………………………………………… 193

专家推荐表 …………………………………………………… 197

Contents

1 Regulatory Collusive Behavior in Cost Supervision of China's
   Electric Power Industry ··· 1

   1.1 Research Background ·· 1
   1.2 The Development Course of the Supervision of the
        World Electric Power Industry and Regulatory Collusion
        in World Power Regulation ·· 8
        1.2.1 The Development Course of the Supervision of the World
               Electric Power Industry ··································· 8
        1.2.2 Regulatory Collusion in World Power Regulation ········· 11
   1.3 Development and Evolution of the Supervision of China's
        Electric Power Industry ·· 12
        1.3.1 Development and Evolution of Economic Regulation of
               Electric Power Industry in China ······················· 12
        1.3.2 Overview of Environmental Regulation of China's Electric
               Power Industry ··· 26
        1.3.3 The Development Trend of Double Regulation in China's
               Electric Power Industry ··································· 30
   1.4 Regulatory Collusion Behavior in Cost Supervision of
        China's Power Generation Enterprises ···························· 31

1.4.1　Regulatory Collusion Behavior in Cost Supervision under Economic Regulation ·················· 31

1.4.2　Regulatory Collusion Behavior in Cost Supervision under Environmental Regulation ·················· 35

1.4.3　Regulatory Collusion Behavior in Cost Supervision under Dual Regulations ·················· 37

1.5　Regulatory Collusion Behavior under Rransmission and Distribution Cost Verification in China ·············· 38

1.6　Determination of Research Objects ·············· 38

2　The Necessity of Designing the Prevention Mechanism of Regulatory Collusion in Cost Supervision of China's Electric Power Industry ·················· 41

2.1　Realistic Background ·················· 41

2.2　Relevant Theoretical ·················· 42

2.2.1　Research Trends of Electricity Regulatory Theory ········· 42

2.2.2　Development Trends of Regulatory Economics ············ 56

2.2.3　Research Trends of Organizational Collusion Theory ······ 64

2.2.4　Theoretical Review ·················· 76

2.2.5　Division of Main Concepts: Regulation, Supervision, Collusion, Capture and Rent-seeking ·················· 77

3　Economic Analysis of Regulatory Collusion and Preliminary Assumption of Preventing Collusion in Cost Supervision of China's Electric Power Industry ·················· 83

3.1　Economic Analysis of Regulatory Collusion in Cost Supervision of China's Electric Power Industry ·············· 83

3.1.1 Economic Analysis of Regulatory Collusion Behavior:
Based on Principal-Agent Theory ················· 84

3.1.2 Economic Description of Regulation Collusion Behavior
in China's Electricity Cost Supervision ················ 87

3.2 The General Principles for the Design of Preventing
Collusion Mechanism in Cost Supervision of China's
Electric Power Industry ································· 90

3.3 Two Entry Points for the Design of Preventing Collusion
Mechanism in Cost Supervision of China's Electric Power
Industry ··· 92

3.4 Two Basic Elements for the Design of Preventing Collusion
Mechanism in Cost Supervision of China's Electric Power
Industry ··· 93

3.4.1 Design of Regulation Collusion Prevention Mechanism
in Cost Supervision of Power Generation Enterprises in
China ·· 94

3.4.2 Design of Regulation Collusion Prevention Mechanism
under Transmission and Distribution Cost Verification in
China ·· 95

3.5 Research Method and Technical Route for the Design of
Regulation Collusion Prevention Mechanism ············ 96

4 Design of Preventing Collusion Mechanism in Cost Supervision of
Power Generation Enterprises under Economic Regulation ······ 99

4.1 The Basic Thought of Preventing Regulation Collusion in
Generation Cost Supervision ··························· 99

4.2 Collusion Prevention Contract under Single Index
Scheduling ··· 103

4.2.1　Basic Model ……………………………………… 103

4.2.2　Non-Collusion Contract ……………………… 104

4.2.3　Collusion Prevention Contract ………………… 106

4.3　Collusion Prevention Contract under Multi-target

Scheduling ……………………………………………… 107

4.3.1　Extension of Basic Model ……………………… 107

4.3.2　Non-Collusion Contract ……………………… 108

4.3.3　Collusion Prevention Contract ………………… 110

4.4　Government's Choice of Two Scheduling Modes ……… 111

4.5　Conclusion and Suggestions ……………………… 112

5　Design of Preventing Collusion Mechanism in Cost Supervision

of Power Generation Enterprises under Environmental

Regulation ………………………………………………… 117

5.1　The Basic Thought of Preventing Regulation Collusion in

Environmental Supervision ………………………… 118

5.2　Basic Model Hypothesis ………………………… 120

5.3　The Conditions of Regulation Collusion and the Determination

of Bribery Conditions under Fixed Subsidy Pricing ……… 122

5.4　The Conditions of Regulation Collusion and the Determination

of Bribery Conditions under Staged Subsidy Pricing …… 124

5.4.1　The Reduction Rate of Denitrification Subsidy is Same as

that of Denitrification Cost ……………………… 124

5.4.2　The Reduction Rate of Denitrification Subsidy is faster

than that of Denitrification Cost ………………… 125

5.4.3　The Reduction Rate of Denitrification Subsidy is Slower

than that of Denitrification Cost ………………… 126

5.5　Government's Choice of Subsidy Price Mechanism …… 127

5.6　Conclusion and Suggestions ················· 129

6　Design of Preventing Collusion Mechanism in Cost Supervision of
Power Generation Enterprises under Dual Regulation ············ 133

6.1　The Basic Thought of Preventing Dual Regulation
Collusion ··· 134
6.2　Non-Collusion Contract ······························ 136
6.2.1　Model Hypothesis ······························ 136
6.2.2　Model Establishment and Non-collusion Contract ······ 137
6.3　Collusion Prevention Contract under Dual Regulation
Model ··· 140
6.3.1　Collusion Prevention Contract under Model 1 ·········· 140
6.3.2　Collusion Prevention Contract under Model 2 ·········· 143
6.4　Government's Choice ·································· 146
6.5　Conclusion and Suggestions ························· 147

7　Design of Regulation Collusion Prevention Mechanism under
Transmission and Distribution Cost Verification ················· 151

7.1　The Basic Thought of Preventing Regulation Collusion under
Transmission and Distribution Cost Verification ············· 151
7.2　Non-Collusion Contract ······························ 153
7.2.1　Basic Model ································· 153
7.2.2　Non-Collusion Contract ······················ 154
7.3　Collusion Prevention Contract under "I+FP" and "I+VP"
Mechanisms ·· 156
7.3.1　Collusion Prevention Contract under "I+FP"
Mechanism ································· 157

7.3.2　Collusion Prevention Contract under "I+VP"

Mechanism ·· 158

7.4　Government's Choice of Two Reward and Punishment

Mechanisms ·· 159

7.5　Conclusion and Suggestions ························· 160

8　Research Conclusions and Prospects ····················· 163

8.1　Research Conclusions ······························· 163

8.2　Further Research Directions ························ 168

References ··· 173

Index ··· 189

Postcript ·· 193

Recommendations ·· 197

第一章 我国电力产业成本监管中的规制合谋行为

第一节 研究背景

在世界经济增速整体维持相对弱势和我国经济发展进入"新常态"的国际国内背景下，2015 年 11 月 10 日，习近平总书记在中央财经领导小组第十一次会议上讲话，首次提出"供给侧改革"的概念。供给侧结构性改革，就是从提高供给质量出发，用改革的办法推进结构调整，矫正要素配置扭曲，扩大有效供给，提高供给结构对需求变化的适应性和灵活性，提高全要素生产率，更好地满足广大人民群众的需要，促进经济社会持续健康发展。供给侧结构性改革旨在调整经济结构，使要素实现最优配置，提升经济增长的质量和数量。

电力作为国民经济的基础行业也开启了供给侧结构性改革的新实践。以供给侧结构性改革为主线，统筹推进电力发展质量变革、效率变革、动力变革，推动构建清洁低碳、开放融合、安全高效的现代能源体系。其中，以效率变革为主线，推进电力市场化改革，努力降低社会用电成本。在电力市场化改革过程中，电力价格对行业发展具有重要的导向作用，是市场调节和资源配置的有效手段。通过政策引导电力价格，有利于优化电力能源的资源配置，营造公平、公正、公开的市场竞争环境，降低实体经济成本，是推动供给侧结构性改革的重要内容。

成本是价格形成的基础。要科学合理定价，成本是关键，没有真实准确的成本核算，价格决策就容易失误。成本监审是政府价格主管部门通过审核经营者成本，核定政府制定价格成本的行为，是政府制定和调整价格的重要程序，是价格监管的重要内容，也是建立企业成本约束机制的重要手段。只有进行全面科学的成本监审，才能更准确地掌握经营者真实的定价关键信息，打开"黑箱"、摸清"底牌"、挤出"水分"，做到"清清楚楚亮成本，明明白白定价格"。因此，成本监审在政府制定价格的过程中发挥着"摸底数、挤水分"的重要作用。政府定价机关通过开展成本监审，准确核定经营者成本，剔除不合理的成本费用，可以避免把不合理的成本转嫁给消费者。同时，对于被监审的企业而言，有了明确的成本监审规则，经营者才有动力去控制成本，企业的管理水平才有可能提升，才能真正实现资源优化配置。

中国在 2002 年正式启动了电力产业的市场化改革。2002 年底，原国家计委制定出台了《重要商品和服务成本监审暂行办法》，第一次在价格管理中提出了成本监审概念，并制定了第一批成本监审目录。经过三年左右的实践，2006 年初，国家发展改革委发布 42 号令，公布《政府制定价格成本监审办法》，明确了成本监审范围和主体，统一了监审原则、方法和程序；2007 年，又出台了《定价成本监审一般技术规范（试行）》（以下简称一般技术规范），规定了成本监审主要指标的一般审核标准，推动成本监审向前迈了一大步。从此，成本监审从无到有，从点到面，进入规模开展阶段。

近年来，价格主管部门认真贯彻落实党中央、国务院的决策部署，紧紧围绕降低企业成本、助力供给侧结构性改革目标，一方面，加强以自然垄断环节为重点的成本监审，完善成本约束机制，按照"准许成本+合理收益"的原则，准确核定成本，科学加强监管，促进企业改善服务、降本增效；另一方面，加快完善主要由市场决定价格的机制，放开了80多项政府定价项目，加快建立科学、规范、透明的政府定价和成本监审制度。

成本监审工作取得了积极进展和明显成效，为激发市场活力和社会创造力发挥了重要作用。

以输配电领域为例，2015 年以来，根据《中共中央　国务院关于推进价格机制改革的若干意见》（中发〔2015〕28 号）、《中共中央　国务院关于进一步深化电力体制改革的若干意见》（中发〔2015〕9 号）规定，国家发展改革委会同有关部门，积极稳妥推进输配电价改革试点，组织开展了第一监管周期省级电网、区域电网和跨省跨区专项工程输配电定价成本监审，实现了输配电定价成本监审全覆盖，取得了积极成效。数据显示，首轮输配电成本监审共核减不相关、不合理费用约 1284 亿元，平均核减比例 15.1%。在电网投资大幅增长、电量增速趋缓的情况下，通过成本监审和输配电价改革，释放改革红利以降低社会用能成本、减轻企业用能负担。此外，首轮输配电成本监审通过健全独立输配电价体系，推动电价市场化程度显著提高，我国电力市场化交易电量达到 2.1 万亿千瓦时，占售电量比重已由改革前 2015 年的 14% 提高至 2018 年的近 40%。

2019 年 1 月 29 日，国家发展改革委印发《关于开展第二监管周期电网输配电定价成本监审的通知》，部署对除西藏外 30 个省份的省级电网和华北、华东、东北、西北、华中 5 个区域电网全面开展新一轮输配电成本监审。国家发展改革委价格司相关负责人表示，第二监管周期成本监审范围更广、更深、更细，拟在第一轮经验基础上，针对突出难点问题，在探索审核电网输配电资产投资形成的合理性，促进电网企业有效投资事前监管，探索分电压等级成本归集等精细化监管方面力求有所突破，以全面提升监审的科学化、规范化水平。

当前，随着价格改革进程的不断推进，政府管理的价格变少了，但对管理的科学性、合理性的要求却越来越高，成本监审工作的重要性、科学性日益彰显，对其要求、标准也越来越高，价格主管部门在开展成本监审中也遇到了很多困难和挑战。困难之一，就是信息获取难度非常大。在成本监审中，面对一些与企业定价不利的信息，经营者往往是拖延、回避甚至不提供资料和账册。由于信息不对称，就需要监审人员耗费很多时间和精力去收集相关信息。从人员情况看，我国当前的成本监审力量十分薄弱，一般每个监审组不超过七八个人，涉及的却是几万亿元的资产、几千个核算单位、几百万张财务报表的资料。

以发电企业的环保补贴电价机制为例，2011年发布的《火电厂大气污染物排放标准》（GB13223—2011），对火电厂烟尘、二氧化硫以及氮氧化物等污染物排放提出了更高的要求，也被称为有史以来最严的火电厂排放标准。2014年4月，发改委与环保部联合印发《燃煤发电机组环保电价及环保设施运行监管办法》，明确燃煤发电机组必须按规定安装脱硫、脱硝和除尘环保设施，如果火力发电机组按规定安装脱硫、脱硝和除尘环保设施，排放标准达到排放要求，其上网电价在现行上网电价基础上执行脱硫、脱硝和除尘电价加价等环保电价政策。

然而现实情况是，补贴并未能有效实现燃煤电厂减排二氧化硫、氮氧化物和烟粉尘的目标，电企骗取环保设施补贴的情况屡禁不止。主要表现为部分燃煤发电企业存在擅自停运发电机组脱硫设施，脱硫设施未能与发电机组同步投运，享受脱硫电价补贴但脱硫设施不正常运行等问题。

根据公开资料，2014年，五大发电集团下属多个火电厂也因擅自停运发电机组脱硫设施再被重罚；2015年6月，环保部曾经发出对2014年脱硫、脱硝设施存在突出问题的17家企业予以处罚的公告，公告显示，国电东北电力公司所属10家电力企业均存在脱硫、脱硝设施运行不正常或未建脱硝设施，二氧化硫和氮氧化物长期超标排放等问题。尽管对被查到"骗补"的电企都给予了一定的处罚，但是由于处罚成本太低，这种行为屡禁不止。

显然，这种现象是由监管者与企业的合谋行为所造成的，而规制合谋是降低政府监管效率的关键因素之一。对于追求利润最大化的企业来说，其会想尽一切办法增加自身收益、减小损失。企业通过一定的手段俘获监管者，使之结成联盟一起隐藏真实的减排数据，使其由"不达标"的行列晋级到"达标"行列。这种合谋行为对监管者和企业双方是有利的，但这种有利是以损害其他经济主体的利益为代价的。如果这些"梗阻"得不到及时修正，将影响到我国污染控制的总体质量。

2016 年 5 月，国家发改委和环保部联合发出通知，将在全国范围内针对发放给燃煤电厂的环保设施补贴，即环保电价，展开专项检查。2016 年 5 月 20 日至 10 月 31 日，各省级价格和环保主管部门联合检查发电企业、电网企业 2015 年的环保电价政策的执行情况。重点检查内容为：执行环保电价燃煤发电机组二氧化硫、氮氧化物、烟尘排放浓度小时均值超过限值的行为，燃煤发电企业通过各种手段人为导致在线监测数据失实的行为，以及电网企业拒绝执行或未及时执行脱硫电价、环保电价的行为。相比 2015 年的类似检查，此次专项检查延长了两个月。专项检查将对重点地区组织交叉检查和随机抽查。

国内学者对中国电力产业监管中合谋问题进行了研究。任玉珑（2003）认为发电企业与电力监管者达成私下协议，合谋形成利益集团，导致了电价过高等问题；唐跃中（2004）指出输电市场中的政府规制合谋现象不容忽视；干春晖、吴一平（2006）对中国电力行业进行实证研究，表明中国当前规制分权化背景下的地方规制机构与被规制企业之间的合谋导致了规制低效率；晓宇（2009）指出现行监管制度不健全，技术手段不完善，调度监管存在盲区，电力调度中存在权力寻租现象，影响了"三公"调度的开展；国家电力监管委员会（2008，2009）指出部分电厂机组脱硫投运率不高，有的仅有 80%，有的甚至更低，但却享受了脱硫电价。如安徽、河北两省没有对企业脱硫设施的投运情况进行考核，却对企业全额支付了脱硫电价。这一点对正处于由计划经济体制转向市场经济体制的转型国家来说影响更大（Shleifer & Vishny，1993；张伟等，2007），因为企业大多从政企合一的计划经济经营管理体制下转制而来，他们与监管机构和相关政府部门有着千丝万缕的联系，这为电力监管过程中可能的合谋行为提供了生长的土壤。因此，政府必须考虑监管过程中由监管制度本身带来的规制合谋问题及其防范，这是完善现行电力监管制度的重要组成部分，是建立与电力工业市场化改革相适应的现代监管制度的必要的制度补充。同时，国内学者对中国电力产业监管中合谋的防范问题进行了初步的研究，提出了一些合谋防范思路，任玉珑（2003）、韩文轩（2007）、吴一平（2007）、张伟等（2007）、晓宇（2009）认为可以通过提高权力使用的透明度、增加以权谋私者被发现的概率、适度增加监管者的收入等来防范规制合谋。由于缺乏系统的理论框架来探讨合谋的存在形式以及形成机理，中国电力产业中合谋问题及其防范机制的研究也远未形成系统的理论和方法体系。

事实上，从 20 世纪 90 年代起，经济学家们已经寻找到一种能够应对规制合谋的理论——组织合谋理论。Tirole（1986）、Bernheim、Peleg 和 Whinston（1987）关于博弈论中防联盟均衡（Coalition-proof Nash Equillibium）的提出，使得在产业规制中进行规制合谋的正式研究成为一种可能。之后，Tirole、Laffont（1991）对一般的委托代理理论进行扩展，建立了委托人—监管者—代理人的 P-S-A 分析框架，奠定了组织合谋理论的研究范式。防范合谋的最初思想是委托人可以通过设计一个防止合谋的激励契约，使得代理人从中得到的收益不少于合谋受益（Tirole，1986，1992）。Gremer 和 Rioedan（1987），Barron 和 Besanko（1992），Melumad、Mookherjee 和 Reinchelstein（1995）分析了典型的 P-S-A（委托人—监管者—代理人）模型，考察了防合谋的集权机制和分权机制的效率；Laffont、Fame Grimaud 和 Martimort（2001）对存在合谋下的集权—分权的制度选择问题有了实质性的回答，得到制度设计的等价原理：在某种条件下，一个分权机制等价于最优的防范合谋的集权机制；Faure-Grimaud、Laffont 和 Martimort（2003）基于软信息模型也证明了制度设计等价原理。Laffont 和 Martimort（1999）表明规制机构的权力分离可以作为一种防止规制俘获的承诺手段。Mishra（2002）比较了再监管机制和竞争机制对防合谋的作用。Laffont 和 Pouyet（2003）分析了规制机构之间的竞争对防合谋的作用。Mishra Ajit 和 Anant T. C.（2006）分析了在规制权分配给不同的机构时，监管者忠诚个数的变化对防合谋成本和社会福利的影响。Hiriart、Martimort 和 Pouyet（2010）认为在公共管理和对公司的规制中，可以通过分离事前或事后的监测来防止合谋。Andrew Samuel 和 Aaron Lowen（2010）结合政府工作的日益电子化，在委托—监管—代理模型中，分析了监测技术的增加和进步对俘获行为的影响。总之，组织合谋理论在近 30 年得到了长足的发展，运用组织合谋理论，找到给定信息结构和代理人类型特征下最有效的防范合谋的组织形式和报酬合约，是目前和未来产业规制领域研究的热点。

在组织合谋理论对产业规制领域的诸多研究成果中，关于产业规制合谋及其防范研究中得出的结论多具有产业的普遍适用性，但关于电力产业监管并没有形成针对性的研究成果。因此，本书将结合任玉珑教授主持的国家自然科学基金项目"西部电能开发中电力与环境协调监管机制研究"，及中国电力产业监管的实际情况，运用组织合谋理论的分析框架，并借鉴现有组织合谋理论在产业规制领域中的研究成果，寻找规制合谋防范的可行途径或思路，并进行相应防合谋机制设计，力求在对中国电力产业规制合谋的研究过程中对组织合谋理论进行一点补充。

现行电力监管体制本身存在的各种问题为规制合谋行为的形成创造了条件。事实上，规制合谋不仅存在于现行的电力监管体制下，在电力监管发展演变的任一阶段都有存在，并且在电力行业各环节的监管过程中，规制合谋总会以不同的表现形式存在。因此，第一章将在回顾世界以及我国电力产业监管发展动态的基础上，对中国电力监管发展演变各个阶段存在于电力行业各环节中的规制合谋行为进行梳理，这将使我们对中国电力监管中的规制合谋有一个全面具体的认识。在此基础上，选择目前和未来的几个主要的规制合谋问题作为本书的研究对象。

第二节　世界电力产业监管的发展历程与规制合谋行为

一、世界电力产业监管的发展历程

世界电力产业自 19 世纪 80 年代诞生至今，已经经历了 100 多年的发展。在其发展历程中，主要经历以下三个阶段：低水平市场竞争阶段（1880~1930 年）、垄断经营阶段（1930~1980 年）以及市场化改革阶段（1980 年至今）。伴随着电力产业的改革发展，电力产业监管也在不断地演化着，具体有以下几个阶段：

1. 电力工业的初始自由竞争阶段（1880~1930 年）

在这一阶段，由于此时电力工业的垄断性质并不十分突出，经济学家并没有认识到电力所具有的自然垄断属性，此时的政府没有对电力工业实施管制。电力企业自主定价，生产者和消费者对电价信号能够做出理性的反馈，包括自由地进、出市场。因此，该阶段电力工业的结构从本质上讲是属于市场竞争的结构。

2. 对电力工业的管制阶段（1930~1980 年）

最初的电力监管制度诞生于美国。在该阶段，由于电力行业的规模经济性显著，都是"发、输、配、售"垂直一体化的电力工业形式，同时由于电力工业的这种"自然垄断"的特点，世界各国政府纷纷对电力行业进行集中化重组。这种重组直接导致了对电力行业的规制。政府成立专门的规制机构以应对电力工业的垄断经营，通过制定相应的法律制度，以对电力企业执行专业化的监督、管理。1935 年，美国通过联邦电力法，并成立联邦电力委员会。通过对电力工业实施严格的规制，政府试图为社会经济的可持续发展提供可靠的、廉价的电力供应，同时也要保证电力企业的合理利润，所以成本加成定价管制的政策应运而生。在该阶段，政府对电力行业的进入和电价都有严格的控制。直到 20 世纪 80 年代，这种管制思想一直占据统治地位，并经由美国逐步传播至世界上其他的主要市场经济国家。

3. 国家对电力工业放松管制阶段（1980~2000 年）

由于上阶段世界各国政府对电力工业实施垂直一体化的管制，对电力行业的进入和电价都有严格的控制，但是随着市场的发展，这种定价方式的弊端越来越凸显。其主要表现为：发电设备老化、发电能力储备下降、输电设备老化、供电可靠性下降、电力供应紧张，并引起电力消费价格上升、资源无效配置等。在美国，电力建设投资严重不足，供电成本节节上升。由此，在全球范围的电力行业引入竞争，并对其放松管制，尤其是在发电侧及售电侧引入竞争。但同时由于输电具有自然垄断的特性，暂时对输电环节仍进行严格的监管。

4. 放松管制与规制重建阶段（2000 年至今）

在全世界范围内的电力工业发电侧和售电侧引入竞争后，其结果是成功与失败并存。成功之处在于放松管制能够获得较低且稳定的价格，并形成良好的市场竞争环境、高效的电力生产和电网调度、增加的电力投资。而失败之处在于放松管制导致电力价格较高且波动较大、电力投资不足等问题出现。失败的根本原因在于电力行业本身的垄断特性和引入的竞争发生了冲突，而此时政府的管制缺乏且无力，所以我们在对电力工业放松管制的今天也要强调规制重建，而这种规制和以前的完全管制是不尽相同的，它更注重规制双方的信息不对称因素。

随着电力工业市场的逐步完善及市场功能的发挥，世界各国的电力监管体制改革主要呈现出以下三大趋势：

一是监管体制改革其总趋势是区分竞争环节（发电、售电）与垄断环节（输电），放松对竞争环节的经济性监管，加强对垄断环节的价格监管、网络接入监管及普遍服务等的监管。监管体制改革的理念是充分发挥竞争环节的市场功能，集中监管垄断环节，集中监管的对象和内容，提高监管效率和有效性（赵会茹和陈志莉，2004）。

二是转变监管模式，由保护性监管转向激励性监管，其特征更多地体现为监管核心内容——监管输电价格。保护性监管是指以往广泛采用的以投资回报率为重点的价格监管工具。就该价格监管工具而言，试图以公众代表参与制定投资、电价及回报率的方式，达到防止电力公司出现垄断利润和促进履行服务义务的目的。但是，这种保护性监管方法存在着致命的缺陷：首先，政府规制机构只有掌握了充分的信息才能采用投资回报率规制，从而政府需要庞大的官僚机构并支付昂贵的规制成本；其次，相对电力公司而言政府规制机构掌握的信息仍不完备，信息不对称将会导致同电力公司就投资回报率进行谈判时，政府规制机构处于不利地位；最后，由于采用固定投资回报率进行规制，就电力公司而言，其投资利润率按法定比例保持不变，这将不利于创造一种激励机制，不利于促进电力公司主动降低成本。这种以投资回报率为重点的价格监管工具是使电力公司利益法定化的保护性监管（Sen，2004）。

而以最高限价为重点的价格监管工具（RPI-X），是在考虑物价指数的基础上，对输电价格实施最高限价。该最高限价并不是一成不变的，而是定期地进行调整，通常是逐步下调。政府规制机构提前制定下一时间段输电价格的最高限价，规定输电公司、配电公司在所限定的时间段内，其输电价格不能高于最高限价。这将有利于输电公司和配电公司提升效率、降低成本以提高投资回报率，这种监管模式称为激励性监管。这样的激励性价格监管模式，已经被越来越多的国家所采用，而且还广泛推广应用在电信、天然气、供水等产业中。

三是加大社会性监管力度，由单纯经济性监管转变为经济性监管和社会性监管两方面（尤其是环境监管）并重。社会性监管主要是对涉及安全、技术（如系统规划、运行）、消费者利益、环境保护、污染物排放、清洁能源发展、普遍服务等方面进行监管。1970年之前，更多的电力监管研究重点都放在经济性监管，研究如何有效提高电力工业的经济运营效率。1970 年之后，由于环境污染所带来的问题日益突出，电力监管的重心开始转向对产品安全、环境质量及工作场所安全的监管上，电力监管研究领域也随之扩展，涵盖了经济性监管和社会性监管（Riggins，2006）。

二、世界电力监管中的规制合谋行为

20 世纪 30 年代起，世界各国政府对电力工业实施垂直一体化的管制，这种管制产生了一系列问题，其主要表现为：发电设备老化、发电能力储备下降、输电设备老化、供电可靠性下降、电力供应紧张，并引起电力消费价格上升、资源无效配置等。Stigler（1962，1971）由此指出电力产业的规制政策并不一定能起到规制者所预想的效果，即使政府的规制目标设定为矫正市场失灵，实现社会福利最大化。Niskanen（1971）指出规制机构的代表人如果具有追求个人效用最大化的动机，那么就很容易导致规制俘获的发生。Posner（1974）、Spiller（1990）指出如果被规制企业能俘获规制机构，并诱使其实施有利于他们的规制政策，则实际中规制的最终目标发生变化，可能导致规制偏向某个利益集团，出现不利于消费者的后果。

为了应对电力监管下的政府失灵，20 世纪 80 年代起，电力行业开始了放松规制运动。但是，国内外经验表明，过快、过度的放松管制，与电力行业自身的技术经济特性会发生冲突，将导致一系列重大停电事故。2003 年可以称之为"大停电年"，继美加 2003 年 8 月 14 日发生的大面积停电事故后，2003 年夏季西欧地区相继发生了若干次大面积停电事故。8 月 28 日，英国伦敦和英格兰东部部分地区停电，2/3 的地铁陷入瘫痪，25 万人被困在地铁里；9 月 23 日，瑞典和丹麦大面积停电，波及 200 万用户；9 月 28 日夜意大利发生大面积停电，造成 550 万人停电 18 小时。因此，放松管制并不是取消管制，在放松管制、引入竞争的同时，政府仍需继续加强和完善规制制度，即重建规制。

实际上，由于放松规制的失败，政府重新回到规制者的角色去规制之前所放松规制的部门正成为当前的一个趋势（Meseguer，2005）。Levi-Faur

（2005）指出"放松规制的政府现在正经历着一个深度的反向调整趋势"。Lave（2007）对美国电力产业的研究发现，许多被放松规制的企业开始需要再规制，蒙大拿州和弗吉尼亚州认为放松规制并不是个好政策，因此他们重新回到规制的轨道上。总之，许多放松规制的产业现在又重新纳入规制的范围，这使得如何应对电力监管下的政府失灵以及由此带来的利益集团与规制机构之间合谋再一次成为电力产业规制体系完善的重要内容。

第三节　我国电力产业监管的发展演变

一、我国电力产业经济性规制的发展演变

放松管制、实行市场化改革、重组电力工业，这是近 30 年来世界各国为提高电力工业效率、降低电价、增强整体经济竞争力选择的共同之路。1985 年，第一轮电力体制改革开始，中国为了解决计划管理体制下的电力短缺问题，为了缓解制约经济发展的瓶颈问题，结束了保持 30 多年之久的独家办电体制，多方位开放发电侧市场，并实行多家办电，形成多元化投资经营主体，最终使得快速经济发展下全国的电力产品需求得到基本满足，同时推动了电力工业的快速发展。1997 年，第二轮电力体制改革开始，中国在电力工业部的基础上成立国家电力公司，并将原电力工业部的政府职能移交给国家经贸委下设的电力司，旨在解决长期存在的政企不分问题，开创了电力工业政企分开和市场化管理新体制的新局面。2002 年，中国对电力工业进行第三轮改革，对国家电力公司资产进行拆分，重新组建两大电网公司（国家电网公司、中国南方电网有限责任公司）、五大发电集团（华能、大唐、国电、华电、中电投集团）和四个辅业集团（电力顾问集团、水电顾问集团、水利水电建设集团、葛洲坝集

团），同时成立国家电力监管委员会，专门对电力工业实施行业监管，旨在解决原有发电市场中独立发电公司与国家电力公司所属电厂市场竞争地位不平等的问题，实现了电力工业厂网分开，最终形成多个独立的发电商，并按发电上网的电价模式，形成了发电侧电力市场的完全竞争。以这三个重大标志性事件作为划分依据，我们认为伴随着中国经营体制的改革进程，中国电力监管体制大体经历了如下四个阶段：

1."政企合一、国家垄断经营"阶段（1949~1985 年）

在政企合一、国家垄断经营阶段，中国电力监管的主要特征是：多种职能合为一体，其中包括政策制定、行业监管、国有资产的管理和企业的生产经营。

在电力行业监管职能的组织分配上，作为国务院的行政机构，中央政府的电力工业部门既是电力工业相关政策和规划的制定者，也是行业管理机构行使行业管理和行政执法的职能，同时又是电力工业唯一的生产经营者，还是国有资产的经营管理者，负责电力项目的投资建设并取得收益。与中央政府的设置相对应，地方电力工业部门也是相应的一级行政管理机构和生产经营单位，接受上级单位的领导，同时直接负责其下属单位的生产经营和管理活动。这一阶段，虽然电力工业主管部门先后经历了燃料工业部、电力工业部和水利电力部三个时期，最终形成了以中央管理为主、大区电业管理局分片管理的体制，但是政企合一、国家垄断经营的体制并没有脱离。这一时期的电力工业五级管理制度见图 1-1。

在市场准入方面，国家实行独家办电的政策，并对电力产业的投融资和市场准入实行严格监管。基本上只有国家电力部、水利部可以投资电力工业，并且所有发电、输电、配电设施均属于国有资产，产权制度单一。

在电价监管方面，电力产品价格受到政府部门的严格控制，电价由国家统一制定。电价主要分为照明用电电价、普通工业用电电价、大工业用电电价等几大类。

在电力调度方面，我国电力工业一体化的管理体制之下，曾一直实行按照煤耗水平排序的调度方式。

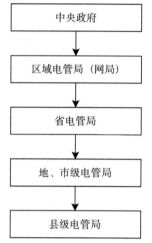

图1-1 电力工业的五级管理制度

这一时期计划经济的政治和经济制度环境决定了"政企合一、国家垄断经营"阶段的计划管理体制。在特定的历史时期下，虽然发挥出了资源集中能力强的特点，建成了一大批电力骨干工程，但是也存在着很多明显的制度缺陷，比如政府和企业的责任和边界不清晰、市场准入过于严格、独家垄断经营等。而这些制度缺陷的存在引发了诸多社会矛盾，最突出的问题是其他投资主体办电的积极性被严重限制，电力企业缺乏活力，制约了电力企业效率的提高，尤其是在20世纪80年代，在改革开放大背景的不断深化下，国内的经济活动日益繁荣，而电力产品严重短缺，最终成为制约国内经济发展的"瓶颈"。

2. "政企合一、发电市场逐步放开"阶段（1985~1997年）

在"政企合一、发电市场逐步放开"阶段，中国电力监管的主要特征是：中央政府对监管政策部分地进行调整，在发电市场的投资环节，引入激励机制以吸引主体投资办电，结束了发电市场原有的独家经营局面，但从严格意义上讲，这样的调整只是中央政府为解决电力短缺问题对电力管理体制进行的边际变动，政企合一的管理体制、政府管理方式以及垂直一体化经营的方式并没有得到根本的改变。

在电力行业监管职能的组织分配上，在此期间中央电力管理部门经历了四次变更，即第二次成立电力工业部、第二次成立水利电力部、成立能源部、第三次成立电力工业部。但原有的政企合一的管理体制、政府管理方式以及垂直 一体化经营的方式并没有得到根本的改变。

在市场准入方面，政府放松了原有市场准入的严格监管，旨在调动地方、企业、外资等各类主体投资办电的积极性。1985 年，国务院颁布了《关于鼓励集资办电和实行多种电价的暂行规定》，允许"集资办电，多家办电"。一方面，中国政府积极鼓励外商在中国独资、合资办电；另一方面，中国政府利用世界银行等组织贷款以及利用外国政府贷款办电。除此以外，地方财政也利用机动的财力和预算外资金投资电力项目。

在电价监管方面，与多家办电和多渠道集资办电的政策相适应，开始实行"新电新价"。针对 1986~1992 年建设的非中央政府投资的电厂和1992 年以后建设的所有电厂，制定能够保证投资者在相对短的时间（一般为 10 年左右）内偿还贷款本金和利息，同时得到较高投资回报的上网电价，即实施"还本付息电价"。除此以外，还允许电力产品的价格可以随着燃料、运输价格的调整而相应调整，即实施"燃运加价"政策。在这两项基本电价政策的指导下，电价的制定基本上以个别投资和生产成本为依据，上网电价形成"一厂一价"甚至"一机一价"的局面，打破了单一的电价模式，培育了按照市场规律定价的机制。

在电力调度方面，1985 年后，随着中国经济的迅猛发展，电力供需缺口越来越大，节能调度渐成一纸空文。为保持各方投资建设电站的积极性，均分利益，中国逐步改变原有电力调度模式，对各类发电企业平均分配发电量计划指标，指标分配至每台机组，即电厂无论发电方式和能耗水平，每年都能从电网获得基本相同的计划发电利用小时数。此后，"指标"逐渐成为电力调度的核心要素。按这样的调度规则，每台发电机组每年发电利用小时都由电力调度指标决定；即便小火电机组没有达到分配的发电计划指标，还有潜力的大火电机组也不能多发；即便燃煤机组没能完成分配的发电计划电量，还有潜力的水电机组也不能多发，只能选择弃水。在"指标调度"规则下，不利于节能环保，反而促进了小火电机组的发展，在这样的电力行业布局下，全国发电机组的平均供电煤耗指标自然非常高。

这些制度创新对新形势下的电力工业发展产生了积极的影响：一是极大地促进电力工业迅猛发展，电力装机容量以每年新增 1000 万千瓦的速度递增，到 1995 年全国电力装机容量突破 2 亿千瓦，1997 年，全国性的电力供需缺口严重的现象基本得到解决；二是打破多年国家垄断的市场格局，中央政府、省政府、地方政府纷纷成立了电力企业，还有很多国外合资的电力企业，在发电市场侧，逐步形成了以国有经济为主、多种经济成分并存的多元投资主体的市场结构。但是，在"政企合一、发电市场逐步放开"阶段，政府的管理体制并没有随着发电市场的部分放开而做出相应的调整，原有的体制性矛盾仍然存在，与此同时，这一阶段出现的一些新问题更加凸显了原有的体制性矛盾，表现为以下三点：一是在发电市场上存在着两类性质完全不同的投资主体：政企合一且垂直垄断经营的原电力工业部及其所属企业、仅从事发电业务的独立发电厂或公司，这两类投资主体的市场竞争地位是不平等的，竞争矛盾很大，并且随着电力供需矛盾得到缓解以及发电侧市场竞争的逐步加强，两类投资主体不公平竞争的矛盾进一步激化；二是中央政府的监管能力有所削弱，地方保护主义逐步增强，以至于省间电量交易障碍严重，电力资源难以得到优化配置；三是由于电力产品价格形成机制不合理，同时电力价格监管能力不强，价格混乱、乱加价、乱收费等现象非常严重，甚至出现了强烈的价格倒逼现象，终端用户电力购买价格不断攀升。

3. "政企分开、部分省市市场化改革试点"阶段（1997~2002 年）

在"政企分开、部分省市市场化改革试点"阶段，中国电力监管的主要特征为：通过"政企分开，省为实体"为内容的改革，实现中央层面的电力工业改革政企分开，同时在五省一市实行"厂网分开，竞价上网"的电力市场化改革试点，开创电力工业市场化管理新体制。这是中央政府为解决政企合一的管理体制矛盾而对电力管理体制进行的以"政企分开，市场化试点"为目标的强制性制度变迁。

在电力行业监管职能的组织分配上，1997 年成立了作为国务院直属企业的国家电力公司，行使企业职能并负责经营国有电力资产；1998 年撤销电力工业部，将原电力工业部行使的行政管理职能移交至国家经贸委，并由国家计划委员会负责电力项目的审批立项、制定电价政策和核定电价，财政部行使制定、监督电力企业财务制度的权力，中国电力企业联合会等行业协会成为电力行业自律性的中介组织。中国电力监管体制初步形成了由国家经贸委、国家计委等部门行使政府管理职能，国家电力公司等电力企业自主经营，中国电力企业联合会等行业协会自律服务的体制框架。国家电力公司不再具有行政管理职能，但依然保持垂直一体化的垄断经营。

在市场准入方面，实行审批制。在电价监管方面，为改变成本无约束和价格无控制的状况，针对上网电价制度进行改革，1998 年"经营期电价"（根据政府预先规定的经营期内收益率水平和社会平均成本核定的电价）替代"还本付息电价"。经营期电价是指在综合考虑电力项目经济寿命周期内各年度的成本和还贷变化情况的基础上，通过计算电力项目每年的现金流量，按照使项目在经济周期寿命内各年度的净现金流量，以能够满足按项目资本金计算的财务内部收益率为条件测算电价。这一政策的实施使得电价规范化管理前进了一步，但是经营期电价仍然是在高度集中的电价管理体制下，以个别成本为基础的定价机制，不能与今后的电力市场化改革相适应。

在发电调度方式上，目前我国是按照电厂发电机组数量平均分配发电小时数。中国目前没有实行成本优先顺序调度，客观上存在以下几方面因素的限制：一是政府计划安排电量，规定每个电厂的年基准合同电量和电价；二是上网电价基本上实行单一制电价，由政府制定，没有鼓励购电机构按照电厂成本优先顺序调度的激励机制；三是政府对基准合同电量之外的电量规定了统一上网电价，缺乏鼓励发电厂在需求紧张的时候提高可用性的机制。

对这一时期的监管评述：这一时期的电力监管体制改革解决了计划经济时期"政企合一"的问题，政府对电力行业的管理职能也有了根本性的变化，由对电力企业的直接控制转向对电力企业进行间接管理，并为电力行业的发展提供既定的法律框架。随着电力市场化改革的进一步推进，不再通过行政垄断来建立电力市场，而是开始通过市场调节来规范并形成有序的电力市场，最终使"政企分开"有了实质性的进展。但是在"政企分开、部分省市市场化改革试点"阶段，严格意义上的制度变迁仍然没有完成，这是因为虽然国家电力公司已经不再具有行政管理职能，但是国家电力公司仍然拥有占全国46%的发电资产和90%的输电资产，电力产业的垄断地位并没有动摇，电力行业的垄断性质依然十分严重。

4. "厂网分开、竞价上网"阶段（2002~2015年）

这一阶段电力监管的主要特征为：以"厂网分开、竞价上网"为主要内容的电力市场化改革，形成了适应社会主义市场经济要求的"政府综合部门宏观调控、规制机构依法监管、企业自主经营、行业协会自律服务"的新的管理体制框架，政府电力管理方式有了一定程度的改变。这是政府职能的一次重大转变，标志着政府在管理垄断行业过程中正在逐步适应市场经济要求，也标志着中国电力行业的管理体制正在由传统的政府行政管理转变为适应市场经济发展的依法监管。

这一阶段进行了电力监管体制的改革，旨在改变多年来政府部门对电力行业多头、分级、分散管理的状况，同时服务于"厂网分开、竞价上网"为主要内容的电力市场化改革。在电力行业监管职能的组织分配上，国务院下设正部级的国家电力监管委员会，电监会的成立，使得电力行业的管理逐步转变为依据公开透明的法律、法规实施的专业化行业监管，改变了原来依靠政府行政审批和行政协调力量进行行业管理的局面。2003年2月24日，国务院批准《国家电力监管委员会职能配置内设机构和人员编制规定》（国办发〔2003〕7号），规定提出：电监会为国务院直属事业单位，按国家授权履行电力监管职责。

国家电力监管委员会的主要职责是：制定电力市场运行规则，监管市场运行，维护公平竞争；根据市场情况，向政府价格主管部门提出调整电价建议；监督检查电力企业生产质量标准，颁发和管理电力业务许可证；

处理电力市场纠纷；负责监督社会普遍服务政策的实施。

电力监管机构的职能有两部分：对电力企业垄断行为的监管和对电力市场交易行为的监管。监管又分为经济性规制和社会性监管两大内容，经济性规制的主要内容包括电价监管、电力市场进入监管、电力商品质量和服务质量监管等；社会性监管的主要内容包括电力生产技术标准、安全标准、服务标准、环境保护标准的监管以及清洁能源的发展和效能的提高等。应集中目前分散于政府经济综合部门的监管职能并将其授予规制机构统一行使。

在市场准入方面，电力项目由传统的审批制改为国家规划指导下的核准制。根据《国务院关于投资体制改革的决定》（国发〔2004〕20 号），对于企业不使用政府投资建设的项目，不再实行审批制，区别不同情况实行核准制和备案制。

在电价监管方面，2002 年，为适应厂网分离后的价格管理，国家有关部门发布了临时上网电价办法。内容主要包括：从原国家电力公司系统分离出没有上网电价的发电企业，执行政府价格主管部门按补偿成本原则核定的临时上网电价；电网公司保留的电厂中已核定上网电价的，继续执行政府价格主管部门制定的上网电价；未核定上网电价的电厂，电网企业独资建设的，按补偿成本原则核定临时上网电价；独立发电企业的上网电价，由政府价格主管部门根据发电项目经营寿命周期，按照合理成本、合理收益的原则核定；同时期建设的同类型发电机组上网电价应实行同一价格水平；超发电量上网电价、自备电厂上网电价由政府价格主管部门按照兼顾供需双方利益的原则核定。

根据 2003 年的《电价改革方案》，"两部制电价"取代了实施 5 年多的"经营期电价"。"两部制电价"是指分别根据电力企业的固定成本与变动成本来确定电价，其中容量电价用来反映对电力企业固定成本的补偿，而电量电价用来反映对电力企业变动成本的补偿。容量电价将由政府根据电力企业的平均成本来制定，电量电价则通过电力市场的竞争来确定。政府根据电力供需状况对容量电价的系数进行调整：当电力产品供给大于需求时，容量电价系数变小；当电力产品供给小于需求时，容量电价系数增大，可以理解为缺电的时候多支付一些价格，反之则少支付一些。政府以此保证电力投资者的预期收益和投资信心。两部制电价实现了从计划定价过渡到市场定价的跨越。国家在东北地区实行了竞价上网的改革试点，并试行两部制电价法。

2005 年，国家发展改革委出台了《上网电价管理暂行办法》《输配电价管理暂行办法》和《销售电价管理暂行办法》，三部电价管理办法规定新建发电机组执行统一标杆电价。2004 年，我国首次公布了各地的燃煤机组发电统一的上网电价水平，并在以后的年度根据发电企业燃煤成本的变化进行适当调整。所谓"标杆电价"，是为推进电价市场化改革，国家在经营期电价的基础上，对新建发电项目实行按区域或省平均成本统一定价的电价政策。从 2004 年起投产（含已建未投产）的燃煤机组，无论机组规模、投资方，也不管是进口机组还是国产机组，都统一执行所在省份的标杆电价。标杆电价突破了一机一价的电价定价方法，实现了从个别成本定价过渡到实行社会平均成本定价的历史性跨越。

经过上述演变，目前形成以经营期电价、标杆电价为主，辅以两部制电价的上网电价机制的局面。《电价改革方案》中提到，在"电力市场竞价前"，上网电价实行政府定价；在"竞价上网的初期"，实行两部制电价。

输电价定价方式由购销差价向成本加收益过渡。长期以来，我国没有独立的输电价机制，输电价由销售电价扣减上网电价间接确定。而厂网分开后，如何从电价中体现电网企业的成本与收益，跨网间的电力交易、开展发电企业向较高的电压等级或较大用电量的大用户直接供电如何结算，都要求加快电价机制改革，尽快制定输电价。输电电价应该反映利用输电网络的边际成本（输电阻塞和损耗）以及建立输电网络的成本。落实该机制的关键，在于如何确定"成本"和"收益"。输电成本的核定，应能考虑不同地区成本的客观差异性，逐步实现按电网分类核定社会平均运行维护费率；而投资回报应达到社会平均水平。

2010 年 11 月 23 号，电监会发布《输配电成本监管办法（试行）》征求意见稿。征求意见稿中明确指出，电力监管机构将对电网企业输配电成本核算行为实施监管，同时要求电网企业建立成本核算制度，正确设置成本核算对象、成本项目和会计项目，准确计量、归集、分配输配电成本数据，定期向电力监管机构报送输配电成本报表及说明。输电价独立核算试点有望启动，以建立"成本加收益"的输电价。

在发电调度方式上，以往的发电上网方式是按照发电机组平均分配发电小时数，这是一种"大锅饭"的模式，看似公平，却带来了能源的巨大浪费。为提高电力工业能源使用效率，节约能源，减少环境污染，促进能源和电力结构调整，确保电力系统安全、高效运行，实现电力工业的可持续发展，2007年，依据《中华人民共和国电力法》《电网调度管理条例》和《电力监管条例》，发展改革委等部门制定了《节能发电调度办法（试行）》。节能发电调度是指在保障电力可靠供应的前提下，按照节能、经济的原则，优先调度可再生发电资源，按机组能耗和污染物排放水平由低到高排序，依次调用化石类发电资源，最大限度地减少能源、资源消耗和污染物排放。这里需要准确测定发电机组的煤耗和监测污染物排放情况。涉及火力发电机组的调度时，采取的是同类型火力发电机组按照能耗水平由低到高排序，优先调度能耗水平低的；当发电机组的能耗水平相同时，则根据发电机组的污染物排放水平高低排序，优先调度污染物排放水平低的。2009年，北京市在全国率先试行以煤耗考核结果决定本地10家发电厂的上网发电时间。北京市能耗低的电厂下一年将被分配更多的发电量，反之分配量减少。实行煤耗水平与发电量挂钩后，电厂将自觉加强技术改造和提高管理水平以降低煤耗，那些技术升级空间极小的小火电机组将会被逐渐淘汰。

对这一时期的监管评述：这是我国政府推动的电力监管体制的一次深刻制度变迁。2005年5月1日，《电力监管条例》正式施行，标志着政府对电力工业的管理正步入依法监管的新阶段，标志着与电力市场化需要相适应的电力法规体系正逐步完善。条例的施行以及随后出台的相关监管规章制度都为全面深化电力市场化改革创造了良好的条件。2011年9月，两大电力辅业集团——中国电力建设集团与中国能源建设集团挂牌成立，并与两大电网公司签订分离企业整体划转移交协议，我国电力行业历经 9 年的"主辅分离"进程基本完成。2002 年以来，电力产业的监管取得了重要进展：一是基本实现政监分离和厂网分开，把政府电力管理职能从电力企业中剥离出来，在全国建立了专业性的电力监管机构，改变了发电和电网一体化的经营模式，初步形成了发电侧竞争局面。新电力监管体制在推进竞争性电力市场建设、促进政府电力管理方式和管理观念转变、提高电力监管科学性和规范性、确保电力安全供应等方面，都取得了非常显著的成效。二是电力市场建设稳步推进。开展东北、华北、南方区域电力市场试点和大用户直购电试点工作，这些试点工作，为实现市场配置电力资源的机制构建奠定了基础。三是电力投资体制改革取得了积极进展。四是电力监管体制框架基本确立。

5. 新一轮电力体制改革中的政府监管（2015 年至今）

在"厂网分开、竞价上网"阶段下，输电和配电业务一体化，共同组成电网公司；电网处于电力的独家买方和独家卖方的市场地位，具有完全的市场势力；上网电价和终端电价实施政府定价，市场机制难以发挥作用。

本轮改革始于 2012 年两会前夕。2013 年，为统筹推进能源发展和改革，加强能源监督管理，国务院机构改革和职能转变方案提出，将现国家能源局、电监会的职责整合，重新组建国家能源局。主要职责是，拟订并组织实施能源发展战略、规划和政策，研究提出能源体制改革建议，负责能源监督管理等。同时，不再保留电监会。在多元化的电力市场难以形成之下，电监会实际上是"无市可监"，此外电力项目审核权、电价定价权在发改委，电力企业管理权在国资委，电监会实际上在多方利益格局中被架空和边缘化。

2015 年 3 月，党中央、国务院印发了《关于进一步深化电力体制改革的若干意见》（中发〔2015〕9 号），被誉为"啃硬骨头的改革"正式拉开帷幕。之后，国家发展改革委、国家能源局抓紧制定了《国家发展改革委关于贯彻中发〔2015〕9号文件精神加快推进输配电价改革的通知》《国家发展改革委国家能源局关于改善电力运行调节促进清洁能源多发满发的指导意见》和《国家发展改革委关于完善跨省跨区电能交易价格形成机制有关问题的通知》3个配套文件，推进改革落地。之后，《国家发展改革委国家能源局关于印发电力体制改革配套文件的通知》印发，《关于推进输配电价改革的实施意见》《关于推进电力市场建设的实施意见》《关于电力交易机构组建和规范运行的实施意见》《关于有序放开发用电计划的实施意见》《关于推进售电侧改革的实施意见》《关于加强和规范燃煤自备电厂监督管理的指导意见》6个重要配套文件正式出台，进一步细化、明确了电力体制改革的有关要求及实施路径。

这一阶段电力监管的主要特征为：以"建立健全电力市场机制"为主要目标的电力市场化改革。改革总体思路为"管住中间、放开两头"。"管住中间"是指强化电网和传统配电业务的电网企业社会责任；"放开两头"是指放开发电侧和售电侧的市场直接交易。改革要点为"三放开""一独立"和"三强化"。"三放开"是指有序放开输配以外的竞争性环节电价，有序向社会资本放开配售电业务，有序放开公益性和调节性以外的发用电计划，逐步打破垄断，改变电网企业统购统销电力的状况，推动市场主体直接交易，充分发挥市场在资源配置中的决定性作用。"一独立"是指电力交易机构的运行规范和独立。区分电力的交易行为和电力输配，交易行为独立于电力输送，这是打破电网垄断的基础性制度设计。"三强化"是指进一步强化政府监管，进一步强化电力统筹规划，进一步强化电力安全高效运行和可靠供应，推动电力工业朝着安全、科学、高效、清洁的方向发展。

这一阶段进行了电力监管体制的改革，旨在改变多年来老电力体制交易机制的缺失，无法形成市场化定价机制，电力规划偏差较大，新能源和可再生能源开发面临困难等弊端。新一轮电力体制改革是我国全面深化电力领域改革的重要组成部分，有利于稳增长、调结构。放开上网电价，可以促进发电侧充分竞争，实现高效环保机组多出力；对输配环节进行成本监审和价格监管，可以有效控制企业成本，提升电网企业效率；放开增量配电业务，吸引社会资本投资建设配电网，推动落实配电网建设改造行动计划；放开售电业务，允许多元化市场主体参与售电市场竞争，有利于更好地服务工商业用户用电需求；建立市场交易机制，打破省间壁垒，保障清洁能源优先上网，有利于实现能源资源的大范围优化配置，加快我国能源转型升级。

在市场准入方面，向社会资本开放售电业务，多途径培育售电侧市场竞争主体。售电主体设立将不搞审批制，只有准入门槛的限制。售电主体可以自主和发电企业进行交易，也可以通过电力交易中心集中交易。交易价格可以通过双方自主协商或通过集中撮合、市场竞价的方式确定。

在市场交易方面，构建有效竞争的电力市场结构和体系。引导市场主体开展多方直接交易，建立长期稳定的交易机制，建立辅助服务共享新机制，完善跨省跨区电力交易机制。

在电力调度方面，建立相对独立的电力交易机构，形成公平规范的市场交易平台。将原来由电网企业承担的交易业务和其他业务分开，实现交易机构相对独立。电力交易机构按照政府批准的章程和规则为电力市场交易提供服务。相关政府部门依据职责对电力交易机构实施有效监管。

在发用电计划方面，建立优先购电制度保障无议价能力的用户用电，建立优先发电制度保障清洁能源发电、调节性电源发电优先上网。通过直接交易、电力市场等市场化交易方式，逐步放开其他的发用电计划。在保证电力供需平衡、保障社会秩序的前提下，实现电力电量平衡从以计划手段为主平稳过渡到以市场手段为主。

这一阶段的电价形成机制为：电网退出电力购销环节，电网只承担电力运输和配送，电网企业将按照政府核定的输配电价收取过网费，不再以上网电价和销售电价价差作为主要收入来源；电力交易价格由发电方和售电公司自由商定。电力价格计算公式为：

用户购电价格 = 电力市场交易价格 + 输配电价（含线损）+ 政府性基金

在上述电力价格形成机制下，首先，政府不再干预电力交易价格。发电厂自由进入、售电公司社会资本自由进入，形成发电生产和销售的竞争性市场。消费者再通过自由选择，选择售电公司购买电力。其次，输配电价格由政府部门进行管制，政府按照"准许成本加合理收益"的原则，核定电网企业准许总收入和各电压等级输配电价，明确政府性基金和交叉补贴。

对这一时期的监管评述：这是政府将一部分权力向市场让渡、垄断企业将一部分利益向社会让渡的一次改革。随着各项改革工作取得突破，新一轮电改也向社会释放了巨大"红利"。据统计，通过核准省级电网输配电价，共核减 32 个省级电网准许成本 480 亿元，各省出台的省级电网输配电价较传统的购销差价平均每千瓦时降低近 1 分钱。此外，仅 2017 年一年，全国市场化交易电量就达 1.6 万亿千瓦时，为实体经济降低用电成本约 700 亿元，这些都为社会实实在在地带来了"红利"。在售电侧，稳步推进售电侧改革，有序向社会资本放开配售电业务。作为一个新业态，售电行业应该定位为服务业，以指导、帮助用户怎么用电、怎么更好地用电。而目前，售电行业在市场中还是相对弱势的，没有形成合理稳定的生存和盈利模式。除了广东的售电公司比较活跃以外，其他省的售电公司进入市场并能表现得游刃有余的少之又少。相对于售电放开而言，配电网因触及电网企业核心利益，放开的脚步要缓慢一些。直至 2016 年 10 月 11日，《有序放开配电网业务管理办法》出台，12 月 1 日首批 105 个增量配电网业务改革试点落地。第二批和第三批试点于 2017 年 11 月和 2018 年 4月相继落地，目前项目总量已达 320 个。在增量配电业务改革方面，目前，我国已经推出了多批试点，项目达到 292 个，而且后续试点仍在不断批复中，但是鉴于配电网建设的复杂性，目前真正落地的项目少之又少。

纵观我国电力监管体制的改革进程，电力监管体制的改革是由中央政府主导的渐进式的，并且是强制性的制度变迁，是中央政府根据经济社会需要自上而下推行的强制性的制度创新，改革的目的是提高电力工业效率，增进整体社会福利。我国电力监管体制的制度变迁之路是这样走出来的：从计划经济时期严格的计划管理体制到放松部分监管（发电侧的市场准人及上网电价），再到"政企分开"、引入市场化机制，最后到打破"垂直垄断、引入竞争"，建立现代监管体制。

二、我国电力产业环境规制概述

环境本身具有公共物品的属性，并具有很强的外部性，而现实中环境交易费用通常又很高，因此市场机制自我调节功能在这个问题的解决上往往是失灵的。政府的一个重要职能是在存在外部性或市场失灵时对经济活动进行干预或管制。

我国政府对环境的管制政策措施主要有以下几种：排污收税（费），通过征税使排污者造成的外部成本内部化；采取政府财政补贴，对采用污染防治技术和新工艺的企业进行财政补贴，作为对污染治理成本的弥补；行政命令管制手段，一般指通过行政命令要求污染企业必须做的行为，包括规定排污最大量和必须采取的减排技术；实施排污权交易，由环保部门发放一定量的特定污染物的排放许可，而这些排放许可指标可以在市场上进行交易。

1. 排污收税（费）

从 2003 年到现在是新排污收费制度的正式建立和全面执行阶段，2003 年国务院颁布实施的《排污费征收使用管理条例》成为排污收费制度历史性发展和新排污收费制度建立的里程碑，2003 年 7 月 1 日起实施原国家计委、财政部、国家经贸委、国家环保总局联合颁布的《排污费征收标准管理办法》和其附件《排污费征收标准及计算方法》，对我国排污收费制度进行重大改革，从单因子超标收费调整为多因子总量收费。

2. 行政命令管制手段

为贯彻《中华人民共和国环境保护法》和《中华人民共和国大气污染防治法》，防治火电厂排放造成的污染，保护生活环境和生态环境，改善环境质量，促进火力发电行业的技术进步和可持续发展，2003 年 12 月 23日发布了火电厂大气污染物排放标准 GB13223—2003。本标准所替代的历次版本发布情况为：GB13223—1991、GB13223—1996。本标准对不同时期的火电厂建设项目分别规定了对应的大气污染物排放控制要求。与原有标准相比，新标准明确了国内火电厂大气污染物的排放控制目标。以二氧化硫为例，从长远来看，中国二氧化硫的排放量应控制在 1200 万吨/年，其中电力行业排放的二氧化硫应控制在 550 万吨/年以下。这个标准将有利于火电厂根据自身的情况采取相应的控制措施。2009 年国家环境保护部发布了《火电厂大气污染物排放标准》（征求意见稿）。新标准调整了大气污染物排放浓度限值，采取了更为严格的排放限制。规定了现有火电锅炉达到更加严格的排放限值的时限，并新增了燃气锅炉大气污染物排放浓度限值；对氮氧化物排放浓度限值进行了较为严格的规定。2011 年 2 月 10 日，是环保部就《火电厂大气污染排放标准（二次意见稿）》征求意见的截止时间。与 2009 年发布的第一次意见稿标准相比，这次标准最大的变化就是火电厂脱硝标准的提高以及完成时间表的提前。正式稿发布后将用以替代原标准（GB13223—2003）。

2007 年 11 月，《国务院批准节能减排统计监测及考核实施方案和办法的通知》（国发〔2007〕36 号）称，同意发展改革委、统计局和环保总局分别会同有关部门制订的《单位 GDP 能耗统计指标体系实施方案》《单位 GDP 能耗监测体系实施方案》《单位 GDP 能耗考核体系实施方案》（以下简称"三个方案"）和《主要污染物总量减排统计办法》《主要污染物总量减排监测办法》《主要污染物总量减排考核办法》（以下简称"三个办法"），要求各地区、各部门结合实际、认真贯彻执行。新节能减排统计、监测及考核方法提出，将把节能目标作为对省级人民政府领导班子和领导干部综合考核评价的重要依据，实行问责制和"一票否决"制。同时，对未完成主要污染物排放考核结果的，国务院环境保护主管部门暂停该地区所有新增主要污染物排放建设项目的环评审批。专家认为，"三个方案"和"三个办法"建立了节能减排统计、监测和考核体系，使节能减排工作问责制和"一票否决"制从制度层面走向具体操作层面，将改变以往唯 GDP 是瞻的现象，有效抑制地方官员为发展经济而置环保于不顾的地方保护主义做法。

3. 政府财政补贴

为减少二氧化硫排放，进一步保护环境，国家发展和改革委员会、国家环保总局 2007 年 6 月 11 日联合发布《燃煤发电机组脱硫电价及脱硫设施运行管理办法（试行）》，明确规定了脱硫设施建设安装、在线监测、脱硫电厂电价加价、运行监管、脱硫产业化等方面的政策措施。根据上述办法，新（扩）建燃煤机组必须按照环保规定同步建设脱硫设施，其上网电量执行发展改革委公布的燃煤机组脱硫标杆上网电价；现有燃煤机组应按照国家发展改革委、国家环保总局印发的《现有燃煤电厂二氧化硫治理"十一五"规划》要求完成脱硫改造，其上网电量执行在现行上网电价基础上每千瓦时加价 1.5 分钱的脱硫加价政策。这部文件规定，煤炭平均含硫量大于 2% 或者低于 0.5% 的省（区、市），脱硫加价标准可单独制定，具体标准由省级价格主管部门提出方案，报发展改革委审批。上述办法要求发电企业安装的烟气脱硫设施必须达到环保要求，并安装烟气自动在线监测系统，由省级环保部门和省级电网企业负责实时监测。发电企业要保证脱硫设施的正常运行，不得无故停运。脱硫设施投产运营率达不到要求的，由省级价格主管部门扣减脱硫电价，并向社会公告。

由于脱硫电价政策的激励作用，电力行业二氧化硫减排效果显著。鉴于此，国家发改委和环境保护部考虑通过相应的经济杠杆继续推进电力行业脱硝。国家环保有关负责人 2011 年 3 月 12 日在中共十一届全国人大四次会议新闻中心举行的"加强环境保护"记者会上表示，环保部将于近期颁布实施修订后的火电厂大气污染排放标准，新标准较此前要严格得多，达到世界上最严格的排放标准。为了鼓励企业的脱硝行为，环保部将和有关部门配合出台脱硝优惠电价政策，让安装了脱硫脱硝装置、煤炭消耗低的燃煤发电大机组多发电。

我国大气污染物中排放的 NOx（氮氧化物）有 70% 来自煤的燃烧，而燃煤电厂发电燃煤排放的 NOx 又占到全国燃煤排放的 70%。2020 年，我国将超过美国成为世界第一大 NOx 排放国。为了鼓励燃煤电厂控制 NOx 排放，国家参照脱硫电价的方法，2014 年 3 月 28 日，国家发展改革委、环境保护部发布了《火电厂脱硝电价及设施运行管理办法》的通知（发改〔2014〕536 号），明确燃煤发电机组必须按规定安装脱硫、脱硝和除尘环保设施，其上网电价在现行上网电价基础上执行脱硫、脱硝和除尘电价加价等环保电价政策。具体为，脱硫电价加价标准为每千瓦时 1.5 分，脱硝电价为每千瓦时 1 分，除尘电价为每千瓦时 2 分。通过脱硝电价的方式对使用脱硝技术的发电企业在正常电价基础上增加补偿电价，给予其一定的经济补偿。同时，相关政策规定，环保设施运行应符合国家和地方规定的污染物排放限值要求，超过限值 1 倍以内的，没收环保电价款，不予罚款；超过限值 1 倍及以上的，处 5 倍以下罚款；对在线监测等数据弄虚作假的行为，将予以严惩。

4. 排污权交易

排污权交易起源于美国。20 世纪 90 年代，为了控制酸雨，我国引入排污权交易制度。2001 年 9 月，江苏省南通市顺利实施中国首例排污权交易，在此次排污权交易中，南通天生港发电有限公司和南京醋酸纤维有限公司是排污权交易的主体单位，2001~2007 年他们共计交易了 1800 吨的二氧化硫排污权。2003 年，江苏太仓港环保发电有限公司和南京下关发电厂作为交易的双方，达成并实现了中国第一次跨区二氧化硫排污权交易，自此开创了跨区域交易的先河。2007 年 11 月，中国第一个排污权交易中心在浙江省嘉兴市落地，交易中心的挂牌成立，为推进中国排污权交易的制度化、规范化和国际化起到了重要作用。

在二氧化硫排放量没有实施严格控制的时候，国家相关主管部门对火电厂的排污行为的管理仅局限于对火电企业排污浓度指标的监测与考核，此时，只要火电项目获得了发电权利且二氧化硫排放量没有突破排污浓度的限制要求，就自然地被赋予了二氧化硫的排污权利。在二氧化硫排放量实施严格的控制以后，国家相关主管部门为了避免火电企业的新建机组带来排污总量的进一步增长，要求火电项目的新建机组的排污指标必须从已有机组处获取。国家相关主管部门审核批准新建火电项目则是以该机组是否拥有相应的排污指标作为基本前提，这也是项目获得排污以及发电权利的必要条件。对于新建机组来说，可以通过排污权交易获得排污指标。广义上讲，排污权交易由排污权一级市场和二级市场构成。在一级市场交易中，常常采用行政手段进行，政府采用计划或市场方式，将排污份额通过无偿分配或者有偿分配让渡给市场上已有的存量机组。在二级市场交易中，通常是在市场主体之间进行。由于一级市场的行政手段干预，狭义上讲，排污权交易仅指二级市场交易。

从 2007 年开始，财政部、原环保部和国家发改委批复了天津、河北、山西、内蒙古、江苏、浙江、河南、湖北、湖南、重庆和陕西 11 个省份开展排污权交易试点。2014 年 12 月，又将青岛市纳入试点范围。除了这 12 个政府批复的试点外，另有 16 个省份自行开展了交易工作。

虽然各试点地区都已制定或正在制定排污权有偿使用和交易试点管理暂行办法，但在国家层面上，不完善、不统一的法律法规导致排污权交易难以顺利进行。除了国务院办公厅在 2014 年 8 月 6 日发布了《进一步推进排污权有偿使用和交易试点工作的指导意见》外，目前还没有明确具体的法律法规。由于缺少国家层面的指导性办法，各地方试点之间的管理方法在制定上存在较大区别。由于缺少国家层面的统一监管，各试点管理办法中对污染物指标、指导价格、交易范围等的界定均存在较大差异。

三、我国电力产业双重规制的发展趋势

随着人们环保意识的逐渐增强和全球能源安全问题的日益突出，电力监管的内涵也逐渐丰富：除了经济性规制之外，环境保护、供应安全都已成为当前电力监管中需要考虑的重要内容。因此，随着电力市场的逐步完善和市场功能的发挥，中国电力监管体制改革正由单纯重视经济性规制到经济性规制与社会性监管（特别是环境规制）并重。大部分早期的电力监管研究文献都将研究重心放在经济性规制上，重点在于如何提高自然垄断行业的经济效率。随着发达国家环境问题的日益加剧，监管的重心开始转向环境质量、产品安全及工作场所安全的监管上，电力监管的研究领域也

就随之扩展，涵盖了经济性规制和社会性监管（Riggins，2006）。

由于电力监管职能（特别是社会性监管职能）的扩展，如何构建与多个监管部门相适应的组织结构、电价机制等，成为当前电力监管过程中人们关注的焦点（DTI，2006）。唐松林（2008）认为从信息经济学的角度来看，在电力监管中，如果在各规制机构之间建立必要的信息沟通渠道，比如，当环境标准影响到电力行业时，电力监管部门应当参与环境标准的制定，在竞标指导原则和系统调度指导原则中也应当反映中国的环境目标和标准，保证高污染发电厂不能通过多排放污染物而获得任何竞争性优势；同时，环境部门也应当参与电力行业改革以及后续的电力行业监管，以保证电力监管部门不会因疏忽而造成环境损害。通过信息沟通渠道的建立，加强各电力监管部门和机构之间的沟通和协调，提高规制机构的信息获取能力，提高监管的整体效率，将保护环境、保障电力供应安全等目标融入一个统一的、鼓励竞争的电力监管框架中来。

第四节　我国发电企业成本监管中的规制合谋行为

一、经济性规制下成本监管中的规制合谋行为

1. 1997 年之前的规制合谋问题

1985 年以前，发电市场施行"政企合一、国家垄断经营"的体制框架。之后，虽然通过"集资办电"，在发电市场上逐步形成以国有经济为主，多种经济成分并存的多元投资主体的市场结构，打破了多年国家垄断的市场格局。但是，政府的管理体制并没有随着发电市场的部分放开而做出相应的改革与调整，直到 1997 年，也并未脱离"政企合一"的体制框

架。鉴于此，我们认为 1997 年之前的电力行业监管进程中是不存在规制合谋问题的，这是由当时的电力工业部门身兼裁判和运动员的双重身份所决定的。一方面，电力工业部门作为政府的行政管理机构，行使着电力行业管理和行政执法职能；另一方面，电力工业部门又是电力行业的唯一生产经营者。因此虽然存在权责不分、监管效率低下等一系列问题，但从对规制合谋的内涵界定上仍然可以认定其监管进程中并不存在规制合谋问题。

2. 1997~2002 年的规制合谋问题

（1）市场准入方面的审批制下的规制合谋。国务院发展研究中心郭励弘认为，人们都不得不把审批与权力寻租联系起来。规制机构仍然热衷于沿用行政审批的方式来替代对监管对象经营行为的监管，并且试图通过行政审批的强化来弥补监管能力的不足，使电力监管缺乏透明性。审批制是计划经济下的产物，它的核心应该是"审"，但缺乏了审什么，怎么审，达到什么条件就可以批等公开、透明的内容。这样，出现了两个令人尴尬的情况：其一是进入门槛高，希望进入的企业特别是民营企业基本上因行政限制而难以进入，比如过去的审批制，政府既从社会管理者角度，又从投资所有者的角度审核企业的投资项目，政府可能以"市场前景不明、经济效益不理想、资金来源不落实、技术方案不合理"等技术层面的理由否决企业的投资项目，同时在位企业也缺少投资决策权。其二是企业一旦获得了准入资格，得到了固定回报率的价格保护，那么在位企业的垄断利益就"合法"化了。由于市场准入成为了能够获得巨大利益的稀缺资源，那么资源的分配者和受益者就有着寻租、设租的强烈动机。规制机构一方面会由于政策缺乏透明性，而增加寻租的可能性；另一方面因信息不对称等原因，而被监管对象所左右。

（2）电价监管方面的发电上网电价中的规制合谋。发电上网电价中的规制合谋：目前所采用的"经营期电价"政策是建立在基于投资回报率规制的基础上的。在投资回报率规制下，涉及发电机组投资成本时，由于计算方法、核算口径的不同，结果将会有很大的差异；在进行统计时也会存在一些不确定因素，所有这些都将影响利润的分配。此外，因信息不对称等原因，规制机构被监管对象所左右，这都为电力企业利用垄断势力及其他方式来寻租提供了较大的空间。

（3）体制性障碍导致的电力调度合谋。发电市场上，国家电力公司拥有电网和调度权，这种体制上的天然缺陷，使得电力调度存在权力寻租现象。由于厂网没有在产权关系上彻底分开，独立发电公司与拥有电网和调度权的国家电力公司处于非平等竞争的地位，竞争的公平性不能体现。由于国家电力公司垄断地位的存在，各地电网倾向于让自己投资或者当地投资的电厂的电量上网，而不愿意让独立电厂的电量上网。

3. 2002~2015 年的规制合谋问题

（1）市场准入方面核准制下的规制合谋。过去的审批制，政府既从社会管理者角度，又从投资所有者的角度审核企业的投资项目；而现行的核准制，政府只是从社会和经济公共管理的角度审核企业的投资项目，审核内容主要是"维护经济安全、合理开发利用资源、保护生态环境、优化重大布局、保障公共利益、防止出现垄断"等方面，而不再代替投资者对项目的市场前景、经济效益、资金来源和产品技术方案等进行审核。核准制是以《行政许可法》为依据，体现公开、透明、依法行政的原则，对如何备案、核准列出了详细的标准和程序，国家和地方都要按照一系列的条件来核准或备案。实行核准制无疑是迈出了可喜的一步，但由于缺乏行政的透明化和核准的完全市场化，核准制还有待完善。不过，从长远来看，投资项目由审批制改为核准制后，还是限制了权力寻租的空间。

（2）电价监管方面发电上网电价的成本监管合谋。发电上网电价中的规制合谋：完成了"厂网分开"的中国电力体制改革处于电力市场规则重建和政府监管体系完善阶段，形成了以经营期电价、标杆电价为主，辅以两部制电价的上网电价机制的局面。各类电厂所采用的"经营期电价"政策依旧是建立在基于投资回报率规制基础上的电价形成机制，由规制机构对发电企业的投资回报率进行规制。而只要不是市场定价，无论是经营期电价的个别成本定价还是标杆电价的社会平均成本定价，都可能带来规制合谋。

2006 年《中国能源工业市场化改革研究报告》就指出其中的成本核算

都存在较多人为因素。在计算发电机组平均投资成本时不同的计算方法、核算口径，结果将会有很大的差异。此外，在进行统计时也将会存在一些不确定因素，所有这些都将影响利润的分配，这就为发电企业利用垄断势力及其他方式来寻租提供了较大的空间。

（3）调度中合谋问题。厂网分开后，电力工业在电网管理上存在的体制性矛盾和障碍有所缓解，但是电力系统中的每一个发电企业或者变电站，都要接受调度部门的安排，由电力调度机构依照有关要求合理安排发电企业的日发电调度计划曲线。由于发电指标成为能够获得巨大利益的稀缺资源，因此，资源的分配者和受益者就有着合谋的强烈动机。

4. 2015年以后的规制合谋问题

在新一轮电力体制改革下，发电企业通过电力调度中心，与售电公司、大用户进行交易；电网企业收取相关交易方的过网费。电价将不再由政府来确定，而是由市场交易来确定。市场交易电量的多少由交易双方共同协商确定。

从欧美国家成熟电力市场的运行经验来看，电力现货市场能够最大限度地提高电力系统运行效率；可以引导发电领域的投资流向，保证投资合理性；可以降低发电系统对环境的影响，达到环保的目的。电力现货市场能够让资源以最有效的方式被利用，将降低电价维持在比较低的水平。在电力现货市场中，发电厂的投标底价就是他们的边际成本，如果成交电价比边际成本高，那么他就可以获得利润，用来回收当初建设发电厂的投资；如果成交电价比边际成本低，那么这家发电厂最终会被市场淘汰掉。在这样一个竞争的市场中，效率越高，发电厂赚的就越多，因此所有发电厂都会努力提高生产效率，将其生产成本最小化。

刘树杰（2016）认为新一轮电力市场化改革轰轰烈烈，从"降电价"角度看，成绩斐然，但从市场化改革的核心——竞争性电力市场建设角度看，进展并不明显。因此，对于火电企业来说，在没有建立起完全竞争的电力市场前，标杆电价仍然发挥着不可替代的作用，而由于信息不对称的存在，发电企业往往会隐藏其真实的成本信息。如果监管者对发电成本进行监查，发电企业（尤其是有一定市场势力的发电集团）在投标过程中也不一定会汇报他们最真实的发电成本，反而可能会跟监管者合谋隐藏他们的实际成本。而合谋行为使得发电环节并不能实现以最低成本运行，也无法最大限度地提高电力系统的运行效率，更无法起到优胜劣汰的激励作用。

在新能源领域，2009 年 7 月，国家发改委发布了《关于完善风力发电上网电价政策的通知》，对风力发电上网电价政策进行了改善。通知规定，全国按风能资源状况和工程建设条件分为四类风能资源区，相应设定风电标杆上网电价。2013 年 9 月，《国家发展改革委关于发挥价格杠杆作用促进光伏产业健康发展的通知》将全国分为三类太阳能资源区，相应制定光伏电站标杆上网电价。2015 年 12 月 22 日，《国家发改委关于完善陆上风电光伏发电上网标杆电价政策的通知》实行陆上风电上网标杆电价随发展规模逐步降低的价格政策，规定了 2016 年和 2018 年风电补贴标准。发改委发布的《国家发展改革委关于 2018 年光伏发电项目价格政策的通知》规定了 2018 年最新的补贴标准，标杆上网电价沿用至今。因此，在新能源标杆电价机制下，各类新能源发电企业在发电成本监管中也可能会出现规制合谋行为。

二、环境规制下成本监管中的规制合谋行为

在不同的环境政策实施过程中，规制合谋是否存在？如果存在的话，有着什么样的表现特征？下面将结合环境规制中的各项规制政策，逐一分析其中可能的规制合谋行为及其表现。考虑到排污权交易制度在我国仍然处于初级阶段，在交易数量和交易价格方面还有待进一步明确规范。因此，本书不再具体讨论排污权交易过程中可能的合谋问题。

1. 现行排污收费政策下不存在规制合谋

国际经验表明，污染者上缴给政府的治理费用高于自己治理的费用时，污染者才会真正感到压力。而如今，中国的排污收费水平过低，不但不能对污染者产生压力，有时反会起到鼓励排污的副作用。在电力行业生

产过程中，出现了老老实实遵守法规、努力治污减排的企业运行成本高、利润低，反之则运行成本低、利润大的病态现象。企业宁愿出钱给排污费，也不愿意治污，企业环境监测不达标时有发生，污染问题并没有因为排污费的收取有所改善。此时，虽然没有监管者与企业的合谋行为，但不达标企业比比皆是，造成了严重的环境问题。

2. 现行财政补贴政策下存在规制合谋

为实施节能减排措施，燃煤火力发电厂在脱硫装置的安装、使用、维护上投入了大量的资金。由于脱硫设施的监控与电价结算监管有些脱节，造成一些发电企业对脱硫设施的投运不积极，脱硫设施投运率不高、烟气排放超标。对于追求利润最大化的企业来说，他会想尽一切办法增大收益、减小损失。企业通过一定的手段俘获监管者，使之结成联盟一起隐藏真实的减排数据，得到更多的财政补贴，这种合谋行为对监管者和企业双方是有利的，但这种有利是以损害其他社会主体的利益为代价的。

事实上，早在2007年6月，全国政协副主席周铁农视察辽宁省污染物节能减排情况时，就指出环境规制部门对企业治污的在线监测数据有明显失实的现象。《2008年度电价执行情况监管报告》中指出，部分电厂机组脱硫投运率不高，有的仅有80%，有的甚至更低，但却享受了脱硫电价。如安徽、河北两省没有对企业脱硫设施的投运情况进行考核，却对企业全额支付了脱硫电价，违反了《国家发展改革委、国家环保总局关于印发〈燃煤发电机组脱硫电价及脱硫设施运行管理办法（试行）〉的通知》（发改价格〔2007〕1176号）。

因此，本书关于环境规制合谋问题的分析，将重点考虑脱硫脱硝电价补贴政策实施中可能存在的合谋问题。尤其是在当前财政补贴逐步降低的趋势下，我们就更应该关注财政补贴中的合谋及其防范问题。

三、双重规制下成本监管中的规制合谋行为

以前电力行业一味地追求经济目标而忽略了环境，环境行业与电力行

业的监管部门各行其是，规制合谋是单一规制（经济性规制或环境规制）中的规制合谋。

根据中国电力监管体制改革的发展趋势，未来的电力监管是经济性与环境双重规制，在经济性与环境的双重规制下，监管委员会和环保部门应该加强合作，共同对电厂的准入以及排污进行有力监管。从博弈论的观点来看，当有多个监管者同时对一个被监管者实施监管时，一个监管者的决策行为可能会对其他监管者产生外部性影响，从而经济性规制中的决策会影响环境规制合谋，环境规制也同样会影响经济性规制中的规制合谋。因此，双重规制合谋问题同时存在并相互影响，这将是未来规制合谋新的特点。

需要说明的是，未来电力双重规制的对象将从发电企业扩展到输电企业，但电力双重规制的初衷主要是在保障电力供应的同时减少发电企业的污染排放，因此，目前我们主要针对发电企业进行分析。

具体地，在双重规制下，可能存在电力监管者在探测企业成本的合谋以及环境监管者在探测企业治污效果方面的合谋。发电企业与电力监管者，发电企业与环境监管者之间的合谋同时存在，合谋的表现一方面是成本低的企业跟电力监管者合谋，试图模仿成本高的企业以得到更多的转移支付，另一方面是治污效果差的企业跟电力监管者合谋，试图模仿治污效果好的企业以得到更多的转移支付。从博弈论的观点来看，当有多个监管者同时对一个被监管者实施监管时，一个监管者的监管决策，可能会对其他监管者产生影响，因此，两个合谋同时存在时，需要分析监管者的行为决策对其他监管者行为决策的影响。

第五节　我国输配电成本核定下的规制合谋行为

在新一轮电力体制改革下，这一时期的输电价定价方式将由购销差价向成本加收益过渡。在核定输电成本时，其中的成本核算存在较多人为因素。在计算这些成本时不同的计算方法、核算口径，结果将会有很大的差异。此外，在进行统计时也将会存在一些不确定因素，所有这些都将影响利润的分配，这就为电力企业利用垄断势力及其他方式来寻租提供了较大的空间。

针对输配电价改革方面，国家发展改革委市场与价格研究所价格监管室主任杨娟指出，虽然输配电成本监审有了，基本定价框架制度也有了，但输配电价在交易运行过程中约束力不是很强，缺乏必要的手段和制度，需要引入现代监管理念来建立现代化的输配电价监管体系。因此，在当前输配电价改革的大趋势下，我们更应该关注输配电成本监管中规制合谋及其防范问题。

第六节　研究对象的确定

根据以上分析，笔者构建的规制合谋行为如表 1-1 所示。

表 1-1　中国电力产业监管中规制合谋行为

阶段	市场准入合谋	发电定价合谋	输电定价合谋	电力调度合谋
1997 年之前	无	无	无	无
1997~2002 年	审核制下的电力监管者与发电企业之间的合谋	个别成本定价中电力监管者与发电企业之间的合谋	无	厂网不分带来的电网企业与自有电厂之间的合谋
2002~2015 年	无	个别成本定价中电力监管者与发电企业之间的合谋	输电成本审核中电力监管者与电网企业之间的合谋	无
2015 年以后	无	完全竞争电力市场形成前电力监管者与发电企业之间的合谋	输电成本审核中电力监管者与电网企业之间的合谋	无

通过上述分析，我们对中国电力监管中的规制合谋有了一个全面具体的认识。电力产业规制涉及众多的利益主体，电力产业规制的过程也是典型的多位参与人利益博弈的过程。在这一过程中，存在大量显在的合谋行为或者潜在的合谋威胁。而电力产业规制中合谋或潜在的合谋威胁非常多，比如电力监管者与电力企业之间的合谋、环境监管者与电力企业之间的合谋，以及电力企业之间的合谋威胁等。如此丰富的可研究议题，试图在一篇专著中彻底解决多年来都没有解决的诸多问题的想法，是根本不可能的。

事实上，一些规制合谋问题随着国家政策的调整在很大程度上得到了解决，而有些规制合谋问题则是目前比较突出的并且长期存在着的，同时在未来的电力多重监管模式下规制合谋又有着新的特点。本书将围绕目前和未来的几个主要的规制合谋问题展开讨论，而把一些未竟领域和需要更深入的议题列入了笔者未来的研究议程。从表1-1可以看出，在我国电力行业监管演变的过程中，在发电、输电等多个环节存在着不同种类的规制合谋问题。其中一些合谋问题随着时间的推移和电力体制改革的进展，在现阶段已经影响不大，而有一些合谋问题则始终存在并影响力深远。

当发电竞争市场没有完全形成时，即发电企业的产品定价不是依靠市场定价，而是依据社会平均成本或个别成本定价时，发电企业与监管者之间的合谋行为是普遍存在的。

在中国电力监管体制改革的进程中，随着电力市场的逐步完善，电力行业将区分竞争环节（发电和售电）和垄断环节（输电），并且对于竞争环节的经济性规制进一步放松，对于自然垄断环节的网络接入监管、价格监管以及普遍服务等的监管进一步加强。监管改革的理念是在电力市场的竞争环节充分发挥市场功能，主要集中针对垄断环节进行监管，集中监管的对象和内容，从而提高监管的有效性（赵会茹、陈志莉，2004）。因此，输电作为垄断环节，其中的规制合谋不仅现在普遍存在，也会成为未来的研究热点。

目前和未来的几个主要的规制合谋问题分别是：发电环节中单一经济

性规制中发电企业成本监督中的规制合谋、单一环境规制中环境财政补贴中的规制合谋、双重规制下发电企业成本监督中的双重规制合谋，以及输配电环节输电成本核定下的规制合谋。我们将选择以上几个规制合谋问题作为研究对象，具体考虑他们的合谋机理以及合谋防范机制的设计。

本章梳理了中国电力监管发展演变各个阶段存在于电力行业各环节中的规制合谋行为，从中选择目前和未来的几个主要的规制合谋问题作为本书的研究对象。这将为下面各章节奠定良好的基础。

第二章　我国电力产业成本监管规制合谋防范机制设计的必要性

第一节　现实背景

规制合谋行为并不是中国特有的,只要有管制的地方,就可能存在规制合谋行为,规制合谋行为有它存在的现实背景。本节将探讨我国电力产业成本监管规制合谋防范机制设计的现实必要性。

首先,完善的电力监管体制是中国成功实现电力市场化改革的基础。而现行的政府监管体制改革明显落后于市场化改革,出现了因监管体制改革滞后而导致市场机制难以发挥作用的情况,如果电力工业市场化的结果因政府监管体制的改革不到位而发生市场机制失灵,改革就会面临很大的风险,其结果要么是退回到改革以前的老路,要么是面临类似美国加州那样的电力危机。因此,建立公正、透明、高效的现代电力监管制度,是电力工业改革顺利推进和实施的重要保障。

其次,建立规制合谋防范机制是解决国内电力监管中诸多问题的必要途径。对于中国这样一个处于经济转轨时期的国家来说,在电力监管体制改革的同时,市场机制尚未发育成熟,社会监督体系以及现代意义上的监管制度也还没有完全建立起来,经营者与某些职能机构(规制机构、中介机构等)合谋损害国家利益和社会公众利益的现象更是时有发生,造成了监管低效、社会福利水平的降低，政府对市场监管发挥的作用大打折扣，极大地损害了电力监管的权威性和有效性。

总之，建立完善有效的电力监管体制对我国的电力市场化改革很重要，而对电力产业监管中合谋行为的治理是建立高效电力监管体制的重要内容。因此，针对中国电力产业监管中规制合谋及其防范进行专门研究就具有非常现实的意义。

第二节　相关理论依据

我们研究的是电力监管中的规制合谋问题，这一研究涉及电力监管和规制合谋两个领域。规制合谋的基本理论研究需借助规制经济学的研究成果，规制经济学在不同的发展阶段分别从不同的角度和侧面探讨规制合谋相关问题。把握规制合谋的最新研究方向，介绍组织合谋理论的研究方法，这对于电力规制合谋研究内容的界定和研究方法的确定是必不可少的。因此，本节将择要回顾电力监管、规制经济学、组织合谋理论三方面的文献，以便为后续的研究提供一个宏大的背景。

一、电力监管理论的研究动态

随着世界各国电力市场化改革的兴起，对电力监管领域的研究引起了国内外学者的极大关注。Masu Uekusa（1992）根据政府直接规制内容的不同，将规制分为经济性规制和社会性规制两种类型，经济性规制是指直接干预经济主体的市场准入和退出、价格、竞争等行为的规制，社会性规制是诸如保护公民健康和安全、环境以及社会团结等社会公共利益的规制，包括设立标准、发放许可证、收费等规制方式。与此同时，随着大众环保意识的逐渐增强及全球气候变化问题的日益突出，电力监管在保持原有经济性规制的同时日益加强环境规制，建立了一个统一的双重规制的电力监管模式，成为当前电力监管过程中人们关注的焦点（DTI，2006）。因此，下文将从电力产业经济性规制、电力产业环境规制以及电力产业双重规制三个方面对电力监管的理论发展及研究动态进行综述。

1. 电力产业经济性规制的研究动态

对电力产业经济性规制的研究主要集中在电价监管、电力市场准入监管、市场力监管以及电力监管机构的独立性等方面。

（1）电价监管。处于垄断地位的公司，特别是当其产品已经不可缺少、消费者别无选择时，往往可以通过提高价格来获取超额利润，或者大幅增加不合理的成本造成浪费，因而导致效率下降，形成资源的不合理配置，增加消费者负担。这是世界各国对电力价格实施控制的最初动因。

在自然垄断环节，控制价格是经济规制的基本内容。电力行业中监管者在价格监管中的角色不是一成不变的，具体地说：如果服务是由垄断性公司来提供，监管者必须直接控制价格；如果服务是从竞争性市场获得，监管者必须保证这个市场没有扭曲或垄断行为。

电价监管的方法是很复杂的，但总的来说，电价监管可分电价平均水平（总收入）监管和电价结构监管两个方面。

决定电力企业的许可收入主要有两种价格监管方法：收益率监管和价格上限监管。收益率监管也称成本加成监管。一般而言，该方法根据下式确定企业可以获得的收入：

$$RR = [RB \times RoR] + ED + Eo\&m + T$$

式中，RR 表示企业可获得总收入；RB 表示企业的收益基数（必需投资）；RoR 表示投资的许可收益率（债务和资本成本）；ED 表示年度折旧；Eo&m 表示年度运行和维护管理开支；T 表示企业年度税收。

在电价结构监管方面，根据国外的经验，可以确定 5 类典型的受到监管的电价：

发电价格：当存在充分的电力市场竞争时，不存在管制价格，只有一般不受管制的市场价格。最终用户或配售电公司是买者，发电公司是卖者；在单一购买者市场中，发电价格一般由长期合同价格来决定，该合同是通过竞争采购的。这些价格一般不受管制，但是合同签订之前的采购程序要受监管。

趸售供电价格：在单一购买者模式中，经常有一个独立的趸售供电价格（Bulk Supply Tarrifs，BST），是单一购买者向电网企业或大用户趸售支付的价格。基本的监管原则是，BST 仅允许在单一购买者的购电成本基础上，加上一个弥补自己成本的合理金额。

输电价格：输电价格的结构随国家的不同而不同，这是因为运用了不同方法来反映各国市场类型的不同及该国的其他特殊环境。另外，根据运行成本和资本成本来确定允许收入的基本方法已经得到越来越多的认同。国与国的区别在于是否进行回报率监管，或者制定价格上限。

配电价格：与输电收入类似，根据运行成本和资本成本来确定允许收入的基本方法越来越得到认同，国与国的区别在于是否进行回报率的监管，或制定价格上限。与输电类似，如果不存在自由接入的系统，就没有必要单独确定一个向最终用户收取的电价，但是仍然需要度量配电成本，并把这些成本反映在最终价格中。

零售电价：零售电价是向最终用户收取的电价。这是电力行业发生的各项成本的集合，包括发电、输电、配电和零售成本。

在基于回报率定价的实践中，由于被规制企业比规制者具备更完备的信息，相应地，被规制企业出于增进自身利益的目的，可能在规制过程中运用信息优势和策略性行为，从而导致不利于消费者的后果出现（Owen & Braeutigam，1978；Laffont & Tirole，1993）。如果被规制企业能"俘获"规制机构，并诱使其实施有利于他们的规制政策，则可能导致更糟的结果（Posner，1974；McCubbins，1985；Spiller，1990；Laffont & Tirole，1993）。此外，当利益集团"俘获"规制者时，在更高层次的政府机构，例如法院和立法机构，同样不可能完全掌握规制机构和被规制企业的信息，也不可能完全监管他们的行为（McCubbins，Noll & Weingast，1987）。Shleifer 和 Vishny（1993）认为与成熟的市场经济国家相比，转型国家中的自然垄断厂商更易与规制者形成串谋，而且垄断厂商与监督人串谋的目的，通过对成本结构等信息进行操纵获取以经济效率为基础的信息租金。唐跃中（2004）指出输电市场中的政府规制合谋现象不容忽视。高效的价格规制是建立在监管机构能够完全掌握电力企业边际成本信息的基础之上，而一旦监管机构了解到电力企业的真实成本类型，为了追求自身利益最大化，理性的电力企业可能会拉拢监管机构一起隐瞒该信息，会使监管机构放松对电力行业价格或利润的控制，忽视电力企业的无效率现象，而最终对社会公共利益产生严重危害。

价格上限监管由英国经济学家 Littlechild（1983）首先提出，并应用于英国电信行业监管之中。目前，国外也普遍采用价格上限对电力市场的上网电价实施监管，以防止电价在短时间内的无节制飙升。美国电信业到目前为止已经有 40 个州采用了价格上限规制，仅有 4 个州采用其他形式的激励性规制（Sappington，2002）。但是，也有部分研究人员对采用价格上限实施监管提出异议。Jeffrey 和 Janis（2001）提出采用价格限制规制基本模式，运用了一个动态框架来研究价格上限监管对电力工业投资和电价的影响，其结果表明：在长期来看，电力市场结构将极大地影响价格上限监管效率，对于竞争电力市场，价格上限监管将会影响发电企业的投资，抬高电力市场的平均价格水平；对于垄断电力市场，价格上限监管对其发电企业的投资决策影响并不明显，这种模式能够最大限度地解决不对称问题，有利于激励电网企业健康发展，同时避免规制合谋和寻租现象，降低规制成本，提高规制效率。韩文轩（2007）提出采用价格限制规制基本模式，这种模式能够最大限度地解决不对称问题，有利于激励电网企业健康发展，同时避免规制合谋和寻租现象，降低规制成本，提高规制效率。吴一半（2007）提出由于现阶段存在规制机构非独立化、产权国有化等问题，不能贸然实施价格上限等高强度激励机制，否则会增加企业租金，进一步扩大合谋。在制度完善之后，再积极引入高强度激励契约，从根本上提高企业效率，促使企业降低成本。张伟和于良春（2007）指出在转型国家中，自然垄断厂商与其规制者往往脱胎于同样的组织机构内，很多在任的规制者往往直接来自被规制的垄断厂商,这种"内部规制者"使得他们之间的合谋成本变低,合谋起来更容易。在转轨经济国家的自然垄断产业规制过程中,内部规制者对自然垄断厂商信息结构上的改进使规制政策的设计倾向于低激励强度的成本加成契约。

发电厂商为获取更多收益,在市场竞争中有时会采取类似"串谋"的结盟报价行为抬高市场报价。李春杰等(2011)提出一种抑制现货竞价中发电商间默契合谋的手段——通过引入购电期权,不仅使现货竞价电量具有不确定性,还使市场可以根据发电商的报价策略主动调整现货竞价电量。秦志强等(2012)基于期权和广义 Vickrey,设计了单一购买者模式,在日前现货交易中,满足激励相容约束、抑制发电商默契合谋的电力市场竞价机制。王小君等(2013)以我国实际运营的华东电网跨省集中交易的实际数据为例研究了发电厂商的结盟报价行为,通过对部分月份发电厂商的报价数据进行概率分析,确认其为结盟报价;基于合作博弈的基本原理分析了发电厂商结盟报价的内在机理,给出了市场规则与结盟报价之间的关系。郭继芳(2016)运用实验经济学的实验方法对电力市场的竞价方式进行了模拟演练,对两家发电企业的报价方案进行了分析,提出了在该交易机制下所存在的电商合谋问题,并针对这一问题对交易规则提出了改良的建议。

(2)电力市场准入监管。Helm(2003)提出在电力市场的准入环节中,应放松对电力企业的准入监管。Yao Jian 等(2007)通过比较前向价格调整和价格上限监管两种机制对电力市场的影响,表明前向价格调整的市场准入机制会更有利于市场的稳定。白让让和王小芳(2009)构建"上游竞争、下游垄断"结构下接入歧视的简化模型,分析部分纵向一体化的买方垄断者对独立发电企业实施接入价格和数量歧视的动机和条件。利用 500 多家发电企业和区域电网的相关数据,从统计描述和回归分析两个方面进行了检验,结果证明了两类接入歧视的存在。张伟(2010)指出特定制度环境导致的垄断厂商经营者面临不确定性的扩大以及国有产权下管制者与经营者贴现因子的差异,使我国垄断行业厂商经营者有更大的动力攫取制度设计中的信息租金，认为在垄断性行业改革中更多地强调绩效考核及引入专家式监管对我国垄断性行业收入规范改革有着重要的作用。

（3）市场力监管。市场力是指供应企业在较长的时间内，使市场价格显著高于竞争条件下的价格水平的能力。国内外主要对建立市场力的评估指标体系进行了大量的研究，包括造成市场力的单个因素指标（如HHI 指数和 Lerner 指数）的评定（Gan D. & Bourcier D. V.，2002；Poon-saeng Visudhiphan，Marija D. Ilic，Mrdjan Mladjan，2002），以及对造成市场力的综合指标（JYMMI 指数）的评定（Jian Yang，2001）。

关于如何根据市场的具体情况，提出针对性的削弱市场力的措施，目前的文献尚不能对一个实际系统给出切实可行的具体建议（Lusan D.A.，Yu Z.，Sparrow et al.，2003），一般笼统地建议降低电网约束、降低集中度、提高需求弹性等。Kumar 和 Fushuan（2001）指出市场力影响在电力改革初期尤为突出，提出了一些具体方法用于防范市场力。Alfredo 和 Luis（2002）运用动态 Cournot 模型来分析 Colombian 批发电力市场的竞争发育情况，分析电力企业之间的重组对市场力和电力市场价格的影响，结果表明：电力企业重组对电价会有极大影响，通常情况下，企业重组后的电价会比企业重组前电价上涨 24%；但如果在企业重组前通过签订相关协议，则企业重组后的电价不会有显著变化，偶尔甚至会有适度下调。萨利·亨特（2004）指出电力规制机构可以通过以下措施来限制市场力：降低市场准入门槛；拆分发电企业以控制其市场占有率；加强电网互联互通以缓解输电环节限制；增强用户需求侧影响力，通过需求侧负荷调整来响应电价上涨；运用差价合同等以弱化市场力；采用价格监管工具以控制市场力。Rangel（2008）考虑了单一水电机组发电市场中的市场力控制，指出由于水电机组的季节性特点，不宜采用总量控制的方法来弱化单一水电机组发电市场中的市场力，而需要对不同季节、不同时期的水电发电量进行控制监管。胡汉辉等（2010）指出在输配电业务与售电业务剥离后，市场竞争强度和竞争策略仍然受到在位售电商不对称的忠实用户基础和活跃用户转换成本的影响，难以达到完全竞争的状态。研究表明大公司忠实用户份额较大时，降低转换成本有可能导致市场势力的上升。魏琦等（2015）跨期实验分析了电力市场和碳市场中的领导企业追求利润最大化时所采用的占优策略，不同电力需求水平对碳市场中许可证交易的影响，以及许可证免费分配时，双向拍卖机制和经纪人的参与对碳交易的影响。结果表明：领导企业将提高电力价格实现利润最大化，经纪人的出现将抑制碳市场中的市场势力。郑新业等（2016）认为电力市场与一般商品市场不同，其发电、输配电、售电各个环节极容易滋生市场势力，探讨了电力市场各环节中市场势力的危害性，给出相关度量和识别方法，并结合相关国际经验提出适用于治理我国电力市场中市场势力的几点建议。叶泽等（2016）结合华中区域各发电企业数据分析，发现在区域内发电企业市场势力降低，在这基础上分析了由市场势力决定的发电企业谈判系数与市场均衡价格的关系，得出在进行直接交易的过程中发电企业市场势力越大使得均衡价格越大最终接近标杆电价；反之，则均衡价格倾向于发电企业的边际成本。徐骏和曹学泸（2016）指出我国上一轮电力改革经验表明：电力市场中市场势力的出现使电力改革陷入困境，结合我国当前电力行业的状况，指出了我国的电力市场的客观条件更容易让发电企业滥用市场势力；进一步指出了常用的测量市场势力指标应用到电力市场时存在的缺陷，并且根据电力市场的特殊情况提出了具体的监测指标。钱炳（2017）基于1998年到2007年中国工业企业数据库中发电企业的面板数据，运用ACF法估计了企业的生产函数并以此测算了不同类型发电企业的市场势力，研究发现，"厂网分开"的改革虽然在发电侧建立了"可竞争"的市场结构，但"上游竞争、下游垄断"的纵向关系，使隶属于垄断电网公司的地方发电企业的市场势力得到了进一步加强。王雨佳（2018）通过NEIO的分析框架，改进了Klette模型，并对2003~2015年煤电产业的市场势力进行了测度，结果显示，煤电产业链供给侧改革后，电力产业仍具有买方市场势力，并使电煤价格向下扭曲。

（4）监管机构的独立性。有关监管机构的热点问题是是否有必要成立独立的监管机构，这一直是争议的热点。OECD/IEA（2001）认为设立独立电力监管机构、"政监分离"将是电力体制改革的重要组成。European Commission（2003）考虑欧盟各成员国的电力体制改革：在竞争的电力市场下，需设立独立电力监管机构，以实施专业化的监管。另外，Gilardi（2005）和 Thatcher（2002）也从理论角度论证设立独立电力监管机构对于促进电力产业高效发展的重要性。Anders 和 Lene（2006）通过对欧盟各成员国的电力监管机构设置进行比较分析发现，电力产业的效率高低与是否设立独立电力监管机构无明显关联，而与是否实施有效的监管关联很大。针对中国的电力监管机构组织设计，相关学者和机构也进行了大量的研究讨论。国务院发展研究中心（2002）回顾和分析了中国的电力产业监管体制改革，建议设立独立电力监管机构，深化推行电力市场化改革。RAP（2003，2004）和国家电力监管委员会（2007）进一步探讨设立中国的独立电力监管机构和职能配置，建议进一步继续加强专业的独立电力监管机构——电监会的权力和职能。白让让（2014）建立了一个"多重委托—代理"体系下规制需求的简约模型，解释了权力配置、供给成本和规制者竞争与需求的关系，认为在以增强政府间接控制力、节省监管成本为导向的新一轮机构改革中，它们被撤销或合并就成为一种必然。邱聿旻和程书萍（2018）创新性地提出一个以政府为主导的"政府式委托代理"治理结构，并在此基础上构建"激励—监管"治理模型，对比有无监管条件下的帕累托最优解，并结合数值分析进行验证。结果表明，有效的政府监管能够显著提升建设主体的努力水平和工程的整体效益。石涛（2018）认为伴随着市场经济的发展，无论是在经济领域还是在社会领域，不同的国家陆续出现了大量的监管机构，虽然这些监管机构的类型不同，但都表现出依法成立、独立程度高、针对性强、权威性高、专业化突出以及透明度高等一般性特征。对当前处于改革时期的中国而言，需要建立与基本国情相符合的、结构合理的监管机构体系，在政府行政机构和监管机构之间合理进行权力配置，厘清规制机构和竞争机构的边界，并有效监督监管者。

（5）信息披露。国内外在有关信息披露的研究和实践上取得了一定的成果。在美国新英格兰地区，监管机构负责制定信息目录，并要求市场上的成员按照事先规定好的提交周期和方式向监管机构提交每种信息。David Patton（2003）提出了调度交易中心具体应公布的几项信息。黎灿兵等（2003）比较系统地分析了发电侧电力市场中应披露的一些基本信息、指标。淮建军和雷红梅（2010）为了解决信息披露过程中的多个主体合谋损害投资者利益的问题，根据信息披露的过程，采用多人非合作博弈的方法构建了上市公司、媒体、会计事务所和监管机构参与双边合谋的博弈模型，根据每个主体决策的临界值提出了治理合谋的政策建议。梁寿愚等（2011）针对目前国内电力调度信息披露系统普遍存在数据不完整、披露方式不规范、分析展示技术手段滞后等问题，提出南方电网调度信息披露平台的设计方案。该方案实现了"1+X"数据汇总机制、分对象的信息发布模式，具备多维分析的指标报表展示方式，符合所有关于电网调度信息披露法规要求，并能全面满足不同披露对象需求。汪皓等（2012）结合南方电网调度信息披露系统的建设，就其过程中遇到的一些核心问题进行探讨，包括信息披露范围的界定，披露信息的分层、分区、分对象特征分析，披露业务不确定性带来的灵活设计分析，披露信息安全防护等。马子明等（2017）从国家和区域电力市场两个层面，深入研究了美国电力市场信息披露体系。在国家层面，详细梳理了美国能源信息署对电力基本概况、电力生产与消费、电力市场运行、环境信息等的披露，并分析了其披露这些信息的制度考量。在区域电力市场层面，以 PJM 电力市场为例，详细梳理了其在能量市场、辅助服务等市场中披露的系统运行、市场价格、电力供需、成员报价、市场结构等信息，并分析了其披露这些信息的作用。

2. 电力产业环境规制的研究动态

近年来，环境问题越来越突出，随之引起的电力产业环境规制问题引起了国外学者的广泛关注。各国政府曾先后采取如下几种方法、手段进行干预：

（1）命令—控制手段。政府相关部门通过行政手段命令涉污企业必须做的行为，其中包括规定最大排污量及必须采取的减排技术。从实际使用效果来看，命令和控制方式能够有效改进环境状况，但同时会导致大量的交易成本，且造成效率损失。

（2）税收。排污税（费）又称庇古税，是税收方法的一种具体形式，最早是由英国经济学家阿瑟·庇古（1920）提出。他通过分析污染等因素所产生的外部性，建议对污染者征收税费，以弥补污染者的私人成本与社会成本之间的缺口。通过对污染者征税将其造成的外部成本内部化，从而降低污染物排放量，最大化整个社会福利。

（3）补贴。补贴是与税收效用类似的另一种形式，对边际个人收益小于边际社会收益的部门实施津贴和奖励。它对积极采用防治污染技术和新工艺的企业实施财政补贴，以作为对污染治理成本的补充。通常采用行政拨款、贷款及税金减免的形式。对不产生污染的企业予以补贴，是相对加大污染制造者的生产成本的另一种方法。

（4）排污权交易。Dales（1968）最早提出排污权交易，于1977年在美国开始得以实践。它是经由环保部门发放一定量的特定污染物的排放许可，而这些排放许可指标可以在市场上进行交易。政府依据最优排污量水平来确定排污许可证的数量，并通过控制排污许可证的数量来控制污染物的排放总量，其不需要事先确定排污费的征收标准，也不需要参照通货膨胀等因素来调整排污费。而且，排污许可证的价格可依照市场供求关系自行调整，通过交易，将排污权由治理成本低的企业转移至治理成本高的企业，由治理成本低的企业来更多地承担对污染物的治理，从而可以降低整个社会的治理成本。

（5）排放绩效标准。在电力产业中美国首先提出排放绩效标准（Emission Performance Standard，EPS），也称之为发电绩效标准（Generation Performance Standard，GPS）。排放绩效标准可与排污税（费）及排污权交易相结合来使用。如在美国，假若电厂的污染排放量低于国家规定之排放绩效标准，那么其节余部分即可在排污权交易市场上出售。

在环境规制工具的选择上，Spencer等（2004）研究美国电力市场中综合考虑大气传输、环境容量、经济影响等因素下的 SO_2 和 NO_x 最优排污收费问题，并对社会福利影响的差异与总量控制措施进行了比较。Stavins（2004）认为，排污权交易比环境税更加适用于治污技术发展和经济发展都非常迅速的环境。Mroze 和 Keeler（2004）认为，当企业排污数量不确定时，采用排污权交易使得规制机构能够更容易实施有效的决策，其结果表明：当企业排污数量不确定时，排污权交易能够给企业提供一个应对该种不确定因素的有效机制，最终使得社会总的污染排放量能够尽可能地控制在政府规制机构预期范围内。Cohen 和 Santhakumar（2007）认为当今全球范围内，各国政府开始使用一种新的环境规制政策——强制性信息披露。尽管信息披露通常看起来对规制后的企业行为有规制效果（常表现为更低水平的污染），但其成本和利益以及是否能够提高社会福利人们所知甚少。何丽梅等（2011）研究表明：23 家发布报告的企业环境绩效指标披露状况不理想，量化的环境绩效信息披露指数均较低，指标披露得较少，且倾向于披露积极信息，披露内容和方式都不利于信息使用者对其环境绩效进行客观评估和比较。资产规模大、盈利能力强、中央企业及深交所上市企业倾向于披露较多环境绩效信息。王楠和杨雯（2014）选取重污染、具有垄断性质的电力行业作为研究对象，搜集沪、深两市 A 股 51 家上市公司的相关资料，查阅 2010~2012 年连续三年的年度报告、招股说明书和公司网站，采用内容分析法对样本公司的环境会计信息披露数量、内容、形式、位置和质量的现状与问题进行了研究，并选择华能国际和深圳能源两家典型企业分析，得出结论：电力上市公司环境信息披露存在披露模式不统一、不规范、过于形式化、自愿性信息披露不足等问题，同时央企披露情况好于普通企业。钱燕和管怡秋（2018）以 36 家火电公司为例，对其年度报告、社会责任报告、董事会报告等资料进行阅读与统计，发现碳会计信息披露方面存在内容不全面、随意性较大等问题。

在环境规制过程中规制合谋行为的研究上，Damania（1999）研究分析了政治斗争和利益集团寻租对政府规制机构环境规制工具的影响，其结果表明：采用排污收费的方法更适用于具有强烈环保倾向的执政党；而采用排污权交易+排污总量限制的方法更适用于具有保护行业发展倾向的执政党。目前，在电力产业的环境规制中，美国政府主要采用的是排污权交易+排污总量限制制度，而环境保护意识更强烈的欧洲大部分国家主要采用的是排污收税（费）制度。模型也解释了为什么排污收费很低以至于没有足够的激励来使企业降低污染。Bouwe R. Dijkstra（2004）通过分析Damania 的政治经济模型，纠正了一些缺陷并澄清了一些含糊笼统的地方。仍然把竞选看成是不同利益集团的寻租竞赛，但是认为政党在博弈开始时都是相同的，在双方选择了规制工具（标准或者税收）并且严格的环境政策已经让环保主义者和污染公司知道在竞选活动中该支持哪一个政党之后，双方政党会选择相同的平台以使双方在选举中获胜机会相同。而当一个政党更倾向于环境或一个政党更倾向于企业时，这个结果会改变。Jie He 等（2007）研究了存在财富和收入上不同的两个代理人时合谋对环境管制选择影响的两个模型，在第一个模型中，规制由投票决定，环境标准随代理人财富和收入上不平等程度的增加而增加；在第二个模型中，环境标准由合谋官员决定，当不平等程度的增加对环境标准的影响不确定时，增加的合谋通常会减少环境规制的质量。Benchekroun 等（2011）指出合谋的形成降低了环境管制的福利，从而环境规制下公司合谋时的福利比自由放任政策下要少。丁美东（2001）认为我国现行环境规制体制下，中央政府不仅是公众的代理人，还是规制机构或规制执行单位（如地方政府）的委托人，他们之间也存在非常高的信息不对称情况，使得规制机构容易与规制企业产生合谋，偷偷排污行为就是体现，而这可能是我国现行环境规制低效的一个重要原因。郭新帅等（2009）指出，现实中管制机构总是通过授权给各级官员去实施其管制政策的，这种授权为官员与被管制者之间的合谋创造了条件，并运用一个博弈模型研究了政府授权官员对企业排污进行监督的情形下，作为监管者的政府官员与发电企业之间的合谋行为对企业的排污量以及监管者的监督努力所产生的影响。结论表明：政府可以通过政策严惩监督者的失职行为、降低监督者的监督成本、提高监督者的议价能力等措施来增加监督者的监督强度、降低企业的排污动机，进而更有效地达到保护环境的目标。龙硕和胡军（2014）指出在中央和地方政府信息不对称的情形下，企业具有向地方政府行贿以寻求环境规制的放松，从而扩大生产的动机；而地方政府则出于政治和经济两种利益的考虑，均有放松环境规制以帮助企业扩大生产的动机，由此形成企业和地方政府的政企合谋，加剧环境污染，并运用中国 28 个省份 1991~2010 年的面板数据，构建了普通面板和空间面板模型加以验证，证实了政企合谋将加剧地区环境污染。张俊和钟春平（2014）利用中国 1993~2011 年的省级面板数据，考察了"政企合谋"对环境污染的影响。结果发现，"政企合谋"使得合谋地区工业二氧化硫排放量和工业废水排放量分别上升 8.9% 和 12.5%，约合 36970.7 万吨和 6384.05 万吨；另外，"政企合谋"对环境污染的影响程度随着官员的任期发生变化，对于任期超过 5 年的官员，任期限制使得"合谋"对工业二氧化硫排放量的影响下降 6.8%。王彦皓（2017）利用中国工业企业数据库和地级市层面的企业治污投资数据构建了一个 2003~2007 年的面板，实证检验了环境规制对企业全要素生产率的影响以及政企合谋在背后的作用，证实了政企合谋带来的监管放松和处罚不力弱化了环境规制对合谋企业生产率的影响。刘朝和刘志华（2017）构建了包含第三方监管主体、企业、中央政府和地方政府的四个利益主体的环境规制博弈理论模型，讨论第三方监管对地方政府和企业行为选择的影响。采用我国 2004~2013 年省级面板数据为研究样本，实证检验第三方监管对环境规制效率的影响，结果表明，第三方监管能够通过抑制政企合谋间接提高环境规制效率。

3. 电力产业双重规制的研究动态

针对电力监管中在保持原有经济性规制的同时环境规制日益加强的现状，如何在存在多个监管者的情况下，处理好产出、效益以及环境保护之间的平衡，提高监管效率是近两年研究的热点问题。

Melinda Acutt 和 Caroline Elliott（1999）研究分析了公共事业监管委员会（负责经济性规制）和环保部门（负责环境规制）两个委托人在合作和非合作两种情况下的监管效率，其结果表明：在完全信息条件下，规制机构间是否合作，对监管效率没有影响；在不完全信息条件下，规制机构间通过合作能够提高监管效率。OECD（2005）指出，假如政府规制机构间缺少必要的沟通、协调渠道，那么他们之间的不合作往往会引起双方在激励措施和规制政策上的矛盾和冲突，最终会使得整个政府的规制效率大打折扣。Calzolari和Pawn等（2006）建立了一个动态的共同代理模型，其结论证明，规制机构间的合作和信息共享能够改善他们的均衡战略，从而提高他们的总体效用。冯飞（2007）从国家能源监管的角度进行研究，探讨了电监会和各政府部门在电力监管领域中的权力划分。国内学者任玉珑等（2008）认为在多重规制中，在不同的阶段，委托人有着不同的规制任务和规制目标，体现在对各规制机构的任务分工上，即是对不同的规制任务有着不同的偏好，并运用计量经济学方法，对我国西部地区1995~2005年电能与环境协调发展系统中的政府规制偏好进行了定量分析，发现在环境法规逐渐完善的基础上，政府对于电能生产的偏好有所下降，对污染物减排的偏好逐渐上升。唐松林和任玉珑（2008）在协调理论研究的基础上，提出电力协调监管的概念，并且结合中国国情，提出了中国电力协调监管的组织结构、沟通和协调机制以及措施建议。刘贞（2008）针对电能与环境协调监管的新模式，构建了一种与新电力监管模式相适应的电能与环境协调激励电价机制，以协调电能生产和环境保护，即在考虑对发电商排污行为和市场力行为进行协调监管的情况下，电力市场电价机制应该如何设计。具体来讲：在电能与环境协调监管新模式下，如何设计协调激励电价机制，在满足西部经济增长带来的巨大电能需求的同时，减少电能生产带来的污染排放，从价格机制角度寻求解决电能与环境协调发展带来的冲突问题。刘贞（2008）认为在双重规制的结构下，应该考虑激励发电商减少污染排放的电价机制，即新设计的机制需要考虑如何通过电价机制激励发电商减少在电能生产中的污染排放，提出在竞价机制中体现环境成本，使污染严重的电厂处于不利地位，从而减少其发电量。屈小娥和席瑶（2012）基于已有文献在研究全要素生产率时不考虑环境因素，或者仅考虑环境因素而忽视能源投入的现实，将资源和环境因素同时纳入生产率研究框架，对1996~2009年中国省级经济单元的全要素生产率（TFP）进行了测算。温桂芳和张群群（2014）认为深化能源资源性产品的价格改革，需要建立能够反映资源稀缺程度和市场供求关系及环境损害成本的价格形成机制和价格体系。王云等（2017）针对媒体关注对企业环保投资行为的影响问题，分析认为在经济性规制较强的情况下，媒体的关注进一步促进企业环保投资，并形成市场压力；相反，在经济性规制较弱的环境中，媒体关注发挥替代作用。经济性规制的强弱程度并不影响媒体关注与环境规制共同促进企业环保行为的改变。徐鹏杰和卢娟（2018）研究认为，在中国式分权作用下经济规制加速雾霾污染物排放，个人规制抑制雾霾污染；从溢出效应来看，经济规制溢出加剧周围雾霾污染，行政规制和社会规制具有雾霾治理示范性。

通过对国内外电力监管理论的现状分析，笔者认为在电力监管研究领域，现有研究范围相对狭窄，研究目的比较单一，主要是通过监管措施的调整、组织机构调整等来考虑监管效率的提高，很少从合谋防范或者减少规制合谋机会的角度来考虑监管效率的提高。虽然有一些研究者已认识到规制合谋是影响电力监管效率的一个重要因素，但由于缺乏系统的理论框架来探讨合谋的存在形式以及形成机理，基本上都是描述性分析，极少数的模型也显得简单，结论也太简单。总体来看，国内对于中国电力产业中合谋问题及其防范机制的研究也远未形成系统的理论和方法体系。因此，需要寻找一个成熟、系统的研究规制合谋问题的理论，研究中国电力监管领域中所存在的规制合谋行为对监管效率的影响，从监管措施和组织等方面的调整来研究规制合谋的防范问题，形成有鲜明特征的中国电力规制合谋及其防范的理论体系，推动中国电力监管效率分析和控制的研究。

二、规制经济学的发展动态

规制经济学也称为管制经济学，它是对政府规制活动进行的系统研究，也是产业经济学的一个重要分支。"规制"一词来源于英文"Regulation"，是规制部门通过对某些特定产业或企业的产品定价、产业进入与退出、投资决策、危害社会环境与安全等行为进行的监督与管理。

规制经济学的产生是为了解决自由经济带来的一系列问题。产业革命的发生尤其是铁路运输行业的兴起与推广需要大量的固定资本投资，在当时的自由竞争市场中难以迅速募集所需资金。1887 年成立的美国州际商务委员会，意在管理铁路，这是政府规制时代开始的标志。从 1929 年开始的经济危机也需要新的理论与政策来引导经济走出危机。1933 年，罗斯福新政实施，政府对行业的规制有效促进了经济发展并保持了社会政治稳定，使得经济学家普遍支持对具有自然垄断属性的产业实施规制。

1. 规制的公共利益理论

规制的公共利益理论以福利经济学和市场失灵为基础，它认为规制是政府对公共需求的反应，其目的是为了弥补市场失灵，从而提高资源配置效率，以实现社会福利最大化。规制的公共利益理论意味着政府规制的目的是通过纠正市场失灵来提高整个社会的福利水平，并且这是政府追求的唯一目标。该理论指出政府代表的应该是公众利益，而不是某些特殊利益集团。该理论以福利经济学和市场失灵为基础，在相当长的一段时期，在规制理论方面占据着统治地位。

但该理论也存在着不少问题：第一，规制方式缺少激励。这一时期，其常见的规制方式有报酬率规制和成本加成规制，其主要特征为：允许被规制企业通过服务收费来回收总成本，并允许被规制企业有一个适当的资本报酬率。这样的规制方式其优点是能够保证被规制企业回收成本，保障企业的正常运营。但同时也存在着致命的缺陷，其缺少对企业主动降低成本的激励，这将会降低行业的资源配置效率。Averch 和 Johnson（1962）的研究结论表明：通过扩大资本基数，可以在投资回报率规制下获得更多的绝对利润，而在利润最大化的利益驱使下，被规制企业有过度投资的倾向，结果是会用更多的资本投资来代替其他投入，造成生产效率低下，这种现象被称为 A–J 效应。Baumol 和 Klevorick（1971）提出了规制滞后效应理论，该理论认为在规制机构调整规制政策的间隔期内，被规制企业有获得超常利润率的可能。Kahn（1988）认为，规制会压制技术创新，会姑息无效率，会引起价格和工资螺旋式上升，会引起严重的资源无效配置，会引起成本推动型通货膨胀的无益竞争扩大。第二，该理论的最大缺陷还在于其假设政府制定和执行规制政策的过程是无成本的，其假设政府规制机构和被规制企业在规制过程中具有相同多的信息，即无视政府规制中存在的信息不对称问题，这显然与事实不符。以上两点都是导致规制效率低下的根本原因。

2. 规制的利益集团理论

从规制的经验来看，至少至 20 世纪 60 年代，规制的发展是有利于生产者的，规制能够提高产业内厂商的利润。在这一时期，尽管占据主流的是赞成对经济进行规制，但不容忽视的问题是，某些国家的政府规制出现重大失败：规制制度僵化、规制机构腐败严重、规制成本加大；企业内部技术革新缓慢，20 世纪 70 年代出现了滞胀和经济危机。这些存在的问题引起了人们对政府规制效率的重新认识，一些经济学家开始研究某些规制合同的有效性，对政府干预主义理论和实践进行深刻反思和全面检验。

20 世纪 70 年代以来，以斯蒂格勒为代表的大批经济学家开始批评规制的公共利益理论。Stigler（1971）对比研究美国 1912~1937 年电力价格规制效果，结论表明：规制仅能带来价格的微小下降，而不像规制的公共利益理论中所讲的能带来价格的大幅下降。在自然垄断属性行业如电力行业，规制对价格的影响作用甚微，所以该行业能攫取正常利润以外的利润。这从经验上证明了规制有利于生产者。

与此同时，以 1986 年诺贝尔经济学奖得主 Buchanan 为代表人物的公共选择学派，以上述假设和人们的思维定式作为突破点，将"经济人"假设延伸至那些以投票人或代理人身份参与公共选择或政治的人们的行为中来重新审视政府的性质和作用，即承认政府同样是"经济人"，也追求某种特殊利益，而不是追求所谓的公共利益。这一理论能够解释现实中政府的决策为什么并不总是符合公众愿望，能够解释为什么会出现以权谋私或腐败行为，能够解释为什么以追求公共利益最大化为目的的政府规制反而出现了低效率的现象。公共选择学派观点对 Stigler 的规制实证分析起到了进一步的启发作用。

以上这些理论研究导致出现了与规制公共利益理论完全相反的规制俘获理论。规制俘获理论认为：被规制产业对规制的需求是政府规制产生的原因（即被规制产业首先控制和俘获立法者），而后被规制产业逐渐控制政府规制机构（即被规制产业俘获规制者）。该理论的基本观点为：无论规制方案如何设计制定，事实上都是规制机构被被规制产业所"俘获"，其内涵意义均为规制会提高生产者的利润水平而不是提高公众的社会福利水平。

上述规制俘获理论为早期的纯粹俘获理论，它是对规制在现实生活中有利于生产者的一种经验陈述，实质上称不上是真正的规制理论。后来的Stigler、Peltzman-Beeker 等规制模型在 Posner（1974）等眼中属于规制俘获理论，因为这几种模型都体现了规制者和立法者并不是追求公共利益最大化，而是私人利益最大化，即用"私人利益"理论来解释规制的起源和目的，这对规制有利于生产者的俘获理论提供了解释和支撑。

Stigler 分析的首要前提是政府的基础性资源是强制权，一个利益集团可以说服政府使用强制权去为他们谋利。第二个前提是经济行为人是理性的，可通过选择行为以谋求最大效用。这两个假设导致了管制的供给是应利益集团争取收益最大化要求的这一假说。他认为被规制企业用于俘获规制者的主要手段是：为政府官员提供选票、活动经费和竞选经费等。通过采用规制途径，产业利益集团能够让政府以合法手段将社会财富转移到利益集团内部以提高其收益。而利益集团通过俘获规制者能够攫取如下收益：控制新的竞争对手进入该产业市场；限制该产业产品替代品的生产，补贴该产业产品互补品的生产；对该产业实施直接货币补贴；固定该产业产品的价格。

在 Stigler 研究的基础上，Peltzman 进一步综合规制过程中经济、政治等多方面的因素，形成了一个分析政府规制俘获问题的规范理论模型（Peltzman，1976），其中包括以下关键因素：第一，规制通过立法对财富进行的再分配。第二，立法者的行为受希望继续留任的动机驱使，也就是说通过立法获得最大的政治支持。第三，利益集团用政治支持来换取立法上的倾斜。从而得到一般性的结论：利益集团能够通过提供对规制者的政治支持来获取交换有利于他们自身的规制立法。即规制很可能倾向于组织更好的（以至于他们在提供政治支持时更有效）利益集团，并使之从有利的立法中获得更多利益（从而使他们愿意为获取政治支持而投入资源）。Peltzman 进一步完善了施蒂格勒理论。他认为，作为"经济人"的规制者不会只为单独某一个经济利益体服务，即规制不会总是有利于生产者，也会有利于消费者。

Stigler 和 Peltzman 模型是建立在假设立法者或者规制者选择规制政策以便使自己得到更多的政治支持基础上的。相应地，Becker（1983，1985）对政府规制俘获问题的研究则是聚焦于利益集团之间的竞争。贝克尔模型的一个特点是总影响力是固定的，所以规制活动由每个利益集团的相对影响来决定，规制主要是用来提高更有势力或影响的利益集团的福利水平。有更大获利潜力的获益集团会动用更多的压力来支持规制；受较低净损失的规制受害集团由于没有蒙受更大损害，会动用较少的压力来反对规制。由此可知，规制活动本质上会受到利益集团的影响，而不只是产生自市场失灵。规制所受到的这种影响既是由规制的福利效应来决定的，更是由利益集团对立法者和规制者所动用压力的相对效率来决定的。

一方面，政府规制的无效可以用规制俘获理论来加以解释；另一方面，由于政府部门与被规制企业间所存在的信息不对称，即使不考虑规制俘获问题，规制制度自身也存在缺陷。但是在市场失灵与政府规制低效同时存在的情况下，实行私有化或完全放弃规制也并不是解决问题的万全之策。所以部分放松规制与实施激励性规制便成为政府规制研究的发展方向。

3. 放松规制

20 世纪 70 年代后经济学家普遍认为规制本身也会产生额外的成本，一旦成本超过收益，就出现了"规制失灵"。美国、英国、日本等主要国家，对电信、金融、运输、能源等许多行业，都实施了放松规制。在放松规制过程中，各国根据本国自身情况采取了不同的方式。如英国的放松规制就是与私有化相伴而生，将英国电信公司、自来水公司、英国煤气公司先后部分或全部出售，出售后这些企业的效率均有了不同程度的提高。

Tye（1987）分析了电力产业中发电环节、输电环节和配电环节的功能和组织形式，认为上述功能在现有技术条件下是可以分割的，由此提出放松规制、允许发电环节进行竞争的思路。Rose（1995）结合美国电力产业实际情况研究并分析了三种规制方式（考虑生产成本与服务成本的传统规制方式、考虑市场机制的市场规制方式和考虑社会成本及外部性的计划规制方式），指出了各种规制方式的不同特点，论证了电力产业放松规制、逐渐自由化发展的趋势，这为放松电力产业规制能够提供某些依据。Toru Hattori 和 Miki Tsutsui（2004）通过对 19 个 OECD 国家在 1987~1999 年规制改革后电力供应价格的变化与变革之前的电力产业的结构和绩效的对比，得出扩大零售途径能降低电力价格以及工业消费者和家庭消费者之间的价格差别。同时也发现发电的分离和即时电力批发市场的引入并不必然导致更低的价格，也可能导致更高的价格。

4. 规制重建

2003 年，美加及西欧一系列严重的停电事故引起了社会对该地区电力市场开放的关注。停电给社会经济、生活各方面带来了巨大的负面影响，迫使各国政府开始慎重考虑对电力工业放松规制所带来的安全及其相关问题。

放松规制并不是指放宽原有的规制，也不是指取消规制制度，比如将行业的禁入规定修改为自由进入制度，或者取消行业的价格规制等，这些都不是放松规制的表现。放松规制最主要的目的是增加竞争机制、减少政府的规制成本、促使被规制企业进一步提高生产效率以及服务水平。在放松管制取得进展的同时，要引入竞争，政府还必须相应地制定一些配套的规范与规则，使其能够管制这种竞争的进入。这就意味着，竞争本身需要一些重要的新的制度性补充来保证。更确切地说，在引入竞争的同时，政府实际上应该加强规制制度的建设，以管制的方法来放松管制，这就是规制重建的含义。

常欣（2001）指出规制重建包括四个方面的内容：一是对残存的自然垄断领域实施激励性规制；二是对自然垄断与竞争的界面或在从自然垄断向充分竞争过渡过程中，实现以保护有效竞争为目的的非对称规制；三是在充分竞争实现后健全反垄断规制；四是在推行上述经济性规制的同时，完善社会性规制。

激励性规制理论是产生于 20 世纪 70 年代末 80 年代初的西方规制经济学的一个分支，融合了规制与竞争的优点。信息经济学、随机过程理论、博弈论、行为经济学的最新发展为分析规制问题和设计规制机制提供新的工具，使得在信息不对称的情况下有可能进行最优的规制机制设计。

激励性规制的实施目的主要是通过政府设计并制定合理的规制制度，激励被规制企业进一步提高自身的内部效率，在提高被规制企业资源配置效率的同时减少政府的规制成本，最终克服传统的政府规制制度中存在的各种缺陷。Vogelsang（2002）认为，激励性规制就是规制者授予企业一定的定价权，以及来自于成本节约的剩余索取权；规制者利用企业的信息优势和获利动机，通过奖励结果而非控制企业行为。马克·赫斯切（2005，中文版）提出激励性规制重点放在规制的目标上，允许行业以新的和独特的方法去满足这些目标，把规制者、受规制行业的利润与客观的、产出导向的绩效指标联系在一起，以在规制者、公用事业公司和公众之间创造一种理想的共赢局面。

在激励性规制中，最核心的问题是激励机制的设计。机制设计理论始于 Baron 和 Myerson（1982）的研究。Bernstein 和 Sappington（1999）指出在设计规制合约时，规制者面临着激励强度和信息租金的两难选择，规制者需要甄别不同类型的企业，消除企业谎报成本的动机。Silva 等（2001）将机制设计理论应用于电力市场。在信息不完全的情况下，关键问题在于设计激励一致的机制，以鼓励发电商显示其真实的边际成本，交易中心则可根据申报的数据进行经济调度，保证系统运行的最佳效率。机制设计的关键在于设计一个对于发电商的支付方案，使每个发电商认为申报其真实边际成本是最优的策略。Silva 等（2001）所设计的竞价机制对于各发电商的支付费用分为两个部分：一部分是基于发电商申报的边际成本的成本补偿；另一部分是基于发电商信息优势的信息补偿。但这种竞价机制无法保证所有发电商固定投资成本的回收。

激励性规制主要有如下几种形式：特许投标制度、区域竞争（或称为标杆竞争）制度、价格上限规制、社会契约制度等。尽管在激励性规制下也存在着某种缺陷，但它还是极大地改善了传统政府规制中的问题。激励性规制在一些欧美国家的规制实践中已经表现出了较好的规制效果。

日本学者植草益（Masu Uekusa，1992）认为政府监管的职能有经济性规制和社会性规制两个方面。在他的研究中，经济性规制指的是在自然垄断领域，或是在有规制信息偏差的领域，为了防止配置的低效问题，为了确保需求者公平利用权利，政府相关行政机构借助于法律权限，并通过许可、认可等政府行政手段，监管企业的进入和退出行为、投资行为、价格水平、服务数量和质量水平以及企业的财务会计管理水平；而社会性规制指的是通过制定一定的规制标准，监管被规制企业的物品和服务的质量以及在它们生成过程中的各种生产活动，做出禁止或者限制其中特定行为的监管结果，最终保障消费者的安全、健康、卫生，保护生产、生活环境，防止各种生产灾害。Riggins（2006）认为电力监管是政府为保证电力产业的可持续发展，采取的各项直接干预措施、间接干预措施，这些干预措施包括传统的对电力产业的经济性规制，除此以外，还包括对电力产业的社会性监管的内容，比如环境规制、电力的安全供应等。

电力产业的经济性规制起源较早，相对于近年来提出的社会性规制而言，经济性规制的体系已经比较完善，发展成熟度也相对较高，在政府规制中一直占据着主导地位。随着世界各国经济发展水平逐步提高，人们也越来越关注生活质量、社会福利等社会性问题，各国政府规制部门在对电力产业的经济性规制实施放松并逐步完善的同时，将规制的关注重点转移至电力产业的社会性规制中，主要表现在：在政府规制中逐步提高社会性规制的地位和作用，不断扩展社会性规制领域，不断改进社会性规制方法与手段。从某种程度上来说，政府对社会性规制的重视反映出社会进步和生活质量提高的需要，也反映出政府更加致力于保护消费者利益以及实现社会的可持续发展。因此，在未来的政府规制中，社会性规制也将成为经济性规制之外的一个非常重要的组成内容。

总之，西方规制经济学中政府规制的相关理论对中国电力产业的政府规制制度的进一步完善具有重要的借鉴意义。首先，激励性规制理论逐渐成为理论和实践追逐的热点，信息不对称条件下的激励性规制方案越来越受到重视；其次，在放松规制效果欠佳之后的规制重建阶段，规制俘获现象或者利益集团和规制机构之间的合谋仍然值得考虑。总之，政府在制定激励性规制政策时应该考虑委托人、规制机构、利益集团的对策性互动，而对规制制度安排有必要以降低利益集团的利益、降低规制机构的自由裁量权、减少信息不对称方向为出发点。

三、组织合谋理论的研究动态

在规制经济学对规制合谋问题的研究中，有关规制合谋问题的研究有规制俘获理论、寻租理论和组织合谋理论。规制俘获理论专注于对利益集团的经济性分析，寻租理论则强调政府干预经济的负面影响，鉴于这两种理论都没有考虑政府规制过程中存在的信息不对称问题，所以规制俘获理论和寻租理论对规制合谋发生机理的理解是不完全的，主要是对规制合谋行为的经验性描述，无法对规制合谋行为的防范提出建设性的结论（杜传忠，2005）。与规制俘获理论和寻租理论对规制合谋行为的描述性分析（重点是判定是否存在规制合谋的威胁）不同，组织合谋理论研究的重点是针对规制合谋，找到给定信息结构和代理人类型特征下最有效的防范合谋的组织形式和报酬合同，即考虑如何设计一套相应的规制机制或合同，以防范规制合谋的发生。

1. 组织合谋理论的产生

经济学中，合谋理论的最早研究始于卡特尔，此时的合谋理论主要用来分析解释产业组织间生成的合谋行为，即在价格竞争的过程中，企业之间达成的默契合谋。

在规制经济学后来的发展过程中，伴随着博弈论在经济学中的广泛应用、不完全信息经济学的兴起和机制设计理论和新规制经济学的发展，合谋理论的发展拓展到了新的领域，把合谋理论引入了产业组织内研究，这就是组织合谋理论。

组织合谋理论一开始就是在产业规制的研究中发展起来的。Laffont 和 Tirole（1986）在 *The Journal of Political Economy* 上发表 *Using Cost Observation to Regulate Firms* 这篇经典论文，之后在这一领域又发表了十几篇重要的论文，成为"新规制经济学"的创始人。他们分析了规制者对单一企业的静态控制（价格规制和收益率规制）、产品市场竞争、自然垄断行业的竞争、多期规制等问题。在放松"规制者是善意的而且可以被严格地监督"的假定后，规制者可以看作是能策略运用信息和利益集团合谋的监督人。

组织合谋理论最大的特点是考虑了规制过程中的信息不对称性。拉丰和泰勒尔认为，研究规制俘获行为必须考虑规制过程中的信息不对称性。如果规制过程中规制双方拥有的信息是对称的，那么，受规制的企业就无法抽取到信息租金，从而也就不会存在影响规制结果的激励。因此，一方面，要理解规制合谋发生的机理，必须考虑信息不对称因素，这是十分重要的；另一方面，信息能否被特定的利益集团操纵以增进它的经济利益，这是规制合谋行为能否发生的关键性、决定性因素，而合谋控制的难易程度，与信息的结构、组织的形式以及代理人类型分布特征等密切相关。

组织合谋理论虽然是以委托代理理论为分析框架来分析规制合谋行为，但是，组织合谋理论中的委托代理理论与一般的委托代理理论还是有区别的。组织合谋理论来源于这样的事实：在一个委托—代理关系中，由于委托人和代理人可能并不是单一的，比如有可能是一个委托人对多个代理人，或者多个委托人对一个代理人，或者多个委托人对多个代理人，或者委托代理的层次并非只有两个层次（委托人和代理人层次）而是包括多个层次（委托人—监督人—代理人）等，在这样的情况下，就可能出现各方为私利合谋的行为。经典的委托—代理理论无法分析这种合谋行为。因为经典的委托—代理理论假定：委托人所希望的代理人的合作行为可以由其提供给代理人的合约加以诱导，每个代理人都在给定其他代理人的行为条件下最大化自身福利；而且委托人完全控制着代理人所进行的博弈，即代理人之间不必要的沟通或单边合同可以被制止。但这是一个很不现实的假定。合约理论告诉我们，委托人构建合约以便最小化让渡给代理人的信息租金，之所以委托人需要让渡信息租金给代理人，是因为代理人有信息优势。因此，需要一个分析组织内合谋的理论。

Laffont 和 Tirole 等在对产业组织内激励理论研究的过程中，运用博弈论和不完全契约理论，建立了组织内合谋行为分析的一般框架，最终奠定了组织内合谋理论研究的范式。从研究分析的层次上看，规制俘获理论只着重分析政府规制的需求方，把作为规制供给方的规制机构作为"黑箱"处理，而组织合谋理论对政府规制的供给方——规制机构做了深入的分析和假定，克服了规制俘获理论不考虑规制供给方的缺陷。组织合谋理论把规制结构划分为如下两层：作为政治委托人的国会和作为监管权力行使者的规制机构。在这样的规制结构划分下，规制过程中会相应地形成如下两个层次的委托代理关系：一是国会与规制机构之间的委托—代理关系；二是规制机构与被规制企业之间的委托—代理关系。并且在整个规制过程中，上述两层委托—代理关系互相并存且相互影响。假定国会的目标是最大化社会福利（经济学意义上，即指全社会消费者、规制机构和企业生产者剩余之和）。从这个意义上看，上述第二层委托—代理关系可以理解为社会公众与规制机构的委托—代理关系，这一点可以从规制目的角度理解。

在组织合谋理论中，鉴于上述委托—代理关系，此时规制机构发挥的主要作用是信息中介，承担的主要职能是作为特定的"授权监督机构"完成规制企业的任务。由于规制机构所处的地位以及拥有的信息优势赋予了它拥有特定的相机行事权，因此，它可能缺乏足够的激励来监测并收集关于产业技术、成本等类型的真实信息；并且即使是它已经监测到并掌握了这些真实信息的证据，也不一定会如实地将这些信息汇报给国会，以实现整个社会福利的最大化。与之相反，为了实现自身利益最大化，规制机构可能会利用它掌握的关于产业技术、成本等类型的信息，被特定的利益集团贿赂或收买，与被规制企业达成联盟，从而规制合谋发生。可见，只要规制机构拥有相机决策权，它与被规制企业之间的规制合谋行为将可能发生。而国会作为委托人，倘若不能对既有规制政策做出准确的判断或者选择，作为监管者的规制机构就易于做出对特定利益集团有利而有损社会公众利益的选择。

在 Laffont 等建立起来的组织合谋理论研究范式中，通常会生成两种类型的合谋行为：第一类是代理人之间的合谋行为，行业规制过程中，在面临着效率与信息租金的权衡时，高效率、低效率的代理人可能会结成企业之间的联盟，从而出现混同均衡，此时第一类合谋行为产生；第二类是监管者和代理人之间的合谋，监管者拥有信息优势，在激励不足时很可能和代理人结成联盟，形成第二类合谋行为。现实中，这两类合谋行为大量存在。

拉丰和泰勒尔认为，组织合谋理论的研究重点不再是确定是不是存在着规制合谋行为的威胁，而应是针对可能的规制合谋行为，如何设计一系列相应的规制机制或合约来防范或者降低规制合谋行为的发生。控制合谋行为的难易程度，与规制过程中的信息结构、规制组织形式以及代理人类型特征等要素密切相关，在既定的信息结构以及代理人类型特征下，研究者们通常希望能够找到某种组织形式和报酬合同以最有效地防范合谋行为的发生，这一点基本上是合谋文献研究的主要问题。

2. 组织合谋理论的发展

有不少研究者考察了第一类合谋行为——代理人之间的合谋，比如 Ishiguro（2001）首先考察了不对称机制在防范合谋行为时的作用，这种不对称机制是通过在组织中引入歧视带来的；陈志俊和邱志渊（2002）也考察了不对称机制对合谋行为的影响，与 Ishiguro 不同，他们在组织中引入了一个较为复杂的歧视作为不对称机制，结果表明可以实施帕累托有效的结果，因此推翻了 Ishiguro 之前的结论；陈霞和段兴民（2004）认为锦标制度容易导致合谋问题的发生，现有的防止合谋的非对称机制是以歧视作为区分代理人的标志，这与许多国家维护公平就业的做法相违背，等等，这里我们不再详述。下面我们重点针对 Laffont 等框架下第二类合谋行为，即监管者与代理人之间合谋的研究情况进行了综述。

（1）防合谋的激励原理。Tirole（1986，1992）的经典文献给出了合谋行为防范的基本原理——通常地，借助于设计一个合谋防范的主合约，委托人可以让代理人得到的经济利益不比代理人参加合谋的经济利益少，从而降低代理人从事合谋的积极性和主动性。假设监管者已经完全掌握了代理人真实的私人信息，当然，这是一个非常理想的假设，通常监督过程总是不完全的，监管者也只能获得关于代理人信息状态的概率分布情况，只是监管者掌握的这个概率分布情况要比委托人掌握的共识分布情况要更有价值一些。当监管者的监控不完全时，此时生成的合谋行为就是不完全信息下的合谋行为。与完全信息情形相比，这时的防范合谋机制设计将更为复杂，但是 Laffont 等（2001）经过证明，认为在不完全信息下，防范合谋原理仍然是适用的。

利用防范合谋基本原理最大的问题缺陷在于，一旦行为主体双方的合谋收益非常大的话，比如几千万元，那么在主合约中，委托人就要使代理人的收益也能达到非常大，比如至少不少于几千万元。对委托人来讲，这显然不能达到帕累托最优，同时因为信息不对称的存在，委托人实际上也无法确切地获知合谋收益到底有多大。

（2）防合谋的规制政策、规制结构、规制进程。Estache 和 Martimort（1999）提出，"规制被视为有着不同知识和信息水平的人的博弈，来决定资源的公平和有效分配。理解激励有助于设计最佳的规制制度。但是这是不够的，我们还需要改进我们对政府内部组织的理解，来评估这些（负责制度执行的）机构的重要性"。可见，政府内部组织的规制结构选择和进程对于规制合谋的结果有着重要的影响。委托人通过调整政府内部组织，来改变分配制度、增加合谋交易成本，用较小的代价来打破利益联盟。因此，经济学家就把研究的视角从合谋生成的动机转向了合谋时的契约分配问题，旨在通过交易成本的增加来达到防范合谋行为发生的目的，成果也比较多。

Laffont 和 Tirole（1991）研究了在自然垄断行业规制中潜在的合谋对成本补偿规则和定价的影响。因为技术方面的私人信息赋予了企业享有信息租金的机会，由规制机构来规制企业的投资回报率和价格，国会严重依赖于规制机构汇报的企业信息，规制机构的特殊技能使得它有对国会隐藏相关信息以服务于被规制产业的可能性，即利益集团贿赂规制机构使其不汇报特定的信息。研究指出在生产者保护下，合谋问题的存在导致向企业提供强度较低的激励方案。这是因为当合谋的威胁提高了价格水平时，降低企业信息租金的低强度的激励方案与高强度的激励方案相比，对规制者和企业之间的合谋的敏感性较低；并且在有合谋的情况下，高激励强度的规制合同会使收买规制机构的行为变得有利可图，低激励强度的规制合同就变得更加有吸引力。总的来看，规制合约的激励强度高低与规制合谋行为发生的可能性之间有着明显的相关性，通过控制规制合约激励强度的高低可以限制规制合谋。

为了进一步理解，我们考虑两个极端的情形：成本加成合约与固定价格合约。① 当采取最高限价规制这样的固定价格合约时，由于价格上限水平的确定会受到多个因素的影响，在价格上限合约设计的时候，规制机构会处于相对比较自由的地位，并且它的不同决策会对被规制企业的经济收益带来直接的影响。如果规制机构掌握了被规制企业的真实成本信息，并将它获取的信息进行公开化，那么被规制企业就无法得到它的信息租金。此时，被规制企业会有非常强的动力去贿赂或收买它的规制机构，希望规制机构能够帮助其隐藏真实的成本信息，使被规制企业有机会获得信息租金。对于服务成本合同来说，合同的激励强度偏低，相对来说比较机械，关于具体成本的核算，合同都会有比较明确的规定，一旦被规制企业获得

---

① 成本加成合约下，企业的利润不受成本变动的影响，企业的成本将完全得到补偿，因此，它没有提供降低成本的激励，是低强度的规制合约。固定价格合约下，企业得到的总货币补偿随实际成本的变化而变化，企业成为所节约的成本的剩余索取者。因此，它可以诱使企业达到适当的努力水平，对企业具有较强的激励性。

的利润比合同规定的利润水平高，就必须按照合同要求，将高出的利润部分返还给消费者，这时规制合同变动几乎没有余地，规制决策对企业福利造成的影响也相对较小，因此，规制机构被收买生成合谋行为的可能性非常小。可见，相对于价格上限合同来说，当存在比较完备的会计核算制度的时候，服务成本合同不容易受到特殊利益集团的收买，而规制合同的高激励强度容易使收买规制机构的企图变成现实。这一结论蕴含如下政策含义：如果规制企业面临的收买威胁比较严重，规制合同适宜采用低激励强度合同；而高强度激励合同的采用必须与减轻规制合谋的行政官僚制度联系在一起。

学者们还研究了分权和集权下的合谋防范问题。图 2-1 描述了分权（Decentralized Organization）和集权（Centralized Organization）的组织结构。分权化组织下，委托人无法直接跟代理人交流沟通，只能与监管者签订合同，而后监管者与代理人签订合同（次级合同）；在集权化组织下，委托人与监管者和代理人都可以进行沟通交流并签订合同。

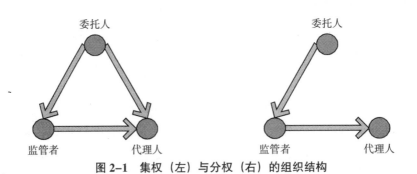

图 2-1　集权（左）与分权（右）的组织结构

无论是在集权组织下还是在分权组织下，监管者都有可能跟代理人进行合谋。但是从图 2-1 中不难发现，分权组织下，监管者拥有委托人所授予的权利，他可以跟代理人签订次级合同，因此他们之间的合谋呈现出垂直合谋；集权组织下，监管者是没有权利与代理人公开签订合同的，他与代理人是处于同一层次的，他们之间的合谋呈现出平行合谋。

平行合谋比较难以防范。Kofman 和 Lawarree（1993）的研究结果表明，因为稽查手段不完备，稽查人员会跟代理人发生合谋行为，一旦提高对代理人的惩罚水平，代理人为了规避惩罚，将会愿意给稽查人员提供更高的贿金，这时，为了防范合谋行为，委托人就必须支付给稽查人员更高的激励报酬来防范合谋行为的发生，最终表现为防范合谋成本的提高，此时的防范合谋机制只能实施次优的结果。

考虑到在平行的组织结构中防范合谋的代价非常大，学者们开始思考用恰当的分权机制来构成层级结构。即监管者拥有委托人所授予的与代理人订立次级合同的权利，他与代理人形成层级结构。Gremer 和 Rioedan（1987）、Barron 和 Besanko（1992）、Melumad 等（1995）分析了典型的 P–S A（委托人—监管者—代理人）模型，比较了集权机制和分权机制在防合谋效率上的差异。结果表明，如果代理人是风险中性的，与集权机制相比，分权机制不会带来合谋防范新的损失。在此基础上，Laffont 等（2001）对存在合谋下的集权—分权的制度选择问题有了实质性的回答，这就是制度设计的等价原理：在某种条件下，一个分权机制与最优的防合谋集权机制是等价的。即在集权机制下当合谋问题需要防范时，委托人可以通过分权给监管者来实现防范集权机制下监管者和代理人平行合谋行为的目的。而在 Faure Grimaud 等（2003）的研究中，基于软信息模型，他们也证明了上述制度设计的等价原理。

上述制度设计的等价原理表明，当集权机制下合谋问题需要防范时，委托人可以采用授权给监管者的方式，通过监管者设计与代理人之间的激励合约，就可以实施防合谋的最优配置。因此，委托人通过分权将监管者变成一个独立的或者部分的剩余索取者，这样就可以防范组织中的平行合谋行为，或者将监督的权利以一定价格售卖给监管者使监管者成为完全的剩余索取者，原来的平行组织就变成了等级结构组织。

很多学者研究了权力分离对降低规制俘获的作用。图 2-2 描述了整合规制（Integration of Regulators）和分离规制（Seperation of Regulators）两种组织结构。分离规制是相对于整合规制而言的，它们是依据权力的分散或集中程度来区分的。如果规制的权力完全掌握在一个人手里，那么这就是整合规制。而如果规制的权力分散在多个监管者手中，每个监管者负责规制公司的某一个方面，那么就是分离规制。

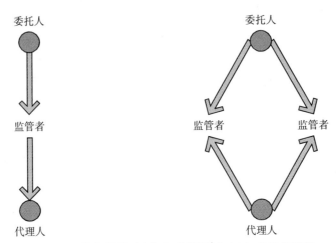

图 2-2　整合规制（左）与分离规制（右）的组织结构

无论整合规制还是分离规制，监管者都可以与代理人合谋。但是整合规制中只有一个监管者有权利与代理人公开订立合同，因此其合谋是单一规制合谋；分离规制下，有两个或多个监管者有权利与代理人公开订立合同，他们之间的合谋是多重规制合谋。

Martimort（1996）探讨了在非忠诚监管者存在的情况下，权力分离这种结构带来的好处。具体地讲，当监管者观察到被规制企业在生产和治污两方面的信息都是高效率信号（$\theta_1 = \underline{\theta}$，$\theta_2 = \underline{\theta}$）时，他可以从这两个信息维度的掌握中共获得 $U(2\underline{\theta})$ 的租金。因此，只有监管者能够得到足够高的工资支付，才能防止规制合谋行为的发生，防合谋约束条件为 $S(\underline{\theta}_1, \underline{\theta}_2) \geq kU(2\underline{\theta})$（这里，$k < 1$）。但是，一旦将规制权授予两个不同的监管者，防合谋约束条件就会变成 $S(\underline{\theta}_1, \underline{\theta}_2) \geq kU(\underline{\theta}_1 + \underline{\theta}_2)$。由此通过分权的方式降低了防合谋的约束条件，进而社会福利得以提高。

在此基础上，Laffont 和 Martimort（1999）的研究表明：对规制机构进行权力分离也是一种防止规制合谋的有效手段。比如将被规制企业产出的控制权分配给两个机构：公共事业委员会和环境保护委员会，通过这样的权力分离，有助于防范规制过程中规制机构受到企业的贿赂，这是因为每个规制机构都具有特定的权力和使命，它们往往只能控制厂商产出权利的某一方面，信息的不完备性降低了这些规制机构从被规制企业那里获取信息租金的能力，从而增加了规制合谋的交易成本。当规制机构与企业达成合谋契约时，规制机构之间的竞争会放松防合谋约束条件，提高社会福利。而如果将不同的规制机构整合在一起，规制机构就会一家独大，很容易监测到厂商产出权利的各种信息，在规制合谋博弈中的谈判支配权力会更大，从而降低了规制合谋的交易成本。Laffont 和 Meleu M.（2001）分析指出，由于普遍存在的高公共资金成本、必要的审计和监督缺失下的合谋成本低廉以及技术水平低效等问题，对于发展中国家而言，政府规制中分权设置的防合谋价值更高。

引入第二位监管者来监督并制衡第一位监管者，也是防范规制合谋的一个研究内容。Kofman 和 Lawarree（1993）借鉴"囚徒困境"对降低规制合谋的再监管机制进行了设计。他们引入了第二位监管者对第一位监管者与代理人的合谋行为进行再监管，对于如何监督第二位监管者的问题，他们认为，通过设计"囚徒困境"中的奖励机制与惩罚机制，可以实现两个监管者相互监督的结果。Mishra（2002）比较了再监管机制和竞争机制对防合谋的作用，通过研究委托代理框架下几个监管者监督代理人的时候，不同的激励方案和组织结构如何影响监管者的努力水平和忠诚程度，结论表明水平结构（在监管者之间引入竞争）比垂直结构（对监管者进行再监管）下的合谋行为要少。

当存在多个监管者时，监管者之间的策略行为对防范合谋的影响也是学者们考虑的。Laffont 和 Pouyet（2003）分析了规制机构之间的竞争对防合谋的作用。他们认为，虽然分散的规制结构和权力所形成的规制契约存在两个相反方面的扭曲：规制机构之间的竞争会导致过强的"高能激励合同"，同时，由于分散的所有权结构的作用，规制合同又倾向于过弱的"低能激励合同"，但是分散的规制机构之间的竞争还是会抑制规制机构自由决定的权力。Mishra Ajit 和 Anant T. C. (2006) 分析了在规制权分配给不同的机构时，监管者忠诚个数的变化对防合谋成本和社会福利的影响。定义"activism"是能将它的决策机制延伸到其他机构责任范围的一种机构。当忠诚机构的数量和不忠诚数量差不多时，积极的机构以一种有限的方式来减少防合谋成本，增进福利。但是，随着非忠诚机构数量的增加，这些积极主义者变得过剩，福利减少。

分离事前事后的监测，对合谋行为的防范也有作用。Yolande Hiriart 等 (2009) 认为在公共管理中，在对公司的规制中，可以通过分离事前或者事后的监测来防止合谋。当规制机构和企业之间的合谋行为更容易执行时，事前和事后监测者的分离有助于防止捕获，因为分离时事前和事后监察的可能性比在整合时更高；相反，当监测者不能专心于合谋的单边合约时，整合规制更优。因为如果寻找比事前更多的事后证据，对事前事后进行监测的同一监测者进行奖励，这可以以较小的社会成本来防止勾结。

此外，Andrew Samuel 和 Aaron Lowen (2010) 结合政府工作的日益电子化，在委托—监管—代理模型中，分析了监测技术的增加和进步对俘获行为的影响。证明了当技术的发展增加了检测者努力的边际或总的产出时，监测技术的改进就会鼓励某些类型的贿赂。尽管这种技术进步会引发新的贿赂均衡，但是，企业遵守规定的比率和社会福利仍然可以上升。然而，当技术和监督努力是充分替代时，如果贿赂发生，技术的改进就可能导致企业遵守规定的比率的下降。并且描述了社会最佳监测技术和提供给委托人的反腐败策略二者之间的关系，发现社会最佳监测技术可能是反腐败政策的取代或补充。

（3）防合谋的惩罚策略。惩罚对规制合谋的防范作用也是值得考察的。Becker (1985) 关于犯罪与惩罚的思想中，就提出了加大对合谋和腐败行为的惩罚力度、提高惩罚概率是防合谋的途径。后来的学者大都考虑到提高惩罚力度和惩罚概率对防范规制俘获是至关重要的，但是有关惩罚的实质性研究并不多。Kofman (1993) 则认为对于一个风险中性的代理人而言，提高对他说谎的惩罚只会相应地增加他提供给稽查者的贿赂，进一步刺激合谋或腐败，可能会带来更高的成本。Harrington 等（2005）在符合价格卡特尔的信息结构下，研究当公司的价格是私人信息以及数量是公开信息时不完美监测下的合谋，针对一类对称博弈游戏的结果表明：对称的处罚不能维持任何共谋均衡，具有非对称性的惩罚可以维持合谋。Chapman 等发现（2005）勾结和内部交易通常被认为是一种不损害他人的罪行，由于没有受害者识别这些罪行便很困难，并且指出为了增加合谋和内部交易的信息获取，从事这些罪行的当事人应该得到财务激励来提供反对他们的证据。为了更大可能地进行支付回报和罚款，建议采用一种收入收集机制，并且提出了两个案例来说明如何采用优良的收集机制。Harrington J. 和 Joseph E.（2008）描述了公司的宽大政策可以最小化合谋发生的频率。即便局部的宽大处理是最佳的，反垄断机构似乎也需要对第一个站出来的公司放弃所有的惩罚，但是授予大赦还是有限制的。Ishibashi Ikuo 和 Shimizu Daisuke（2010）调查宽大处理的程序（它是一个政策，给予那些能够配合反垄断机构调查的合谋企业较少的处罚）如何影响公司的合谋行为。数量竞争模型的结果表明，在宽大处理程序中，如果合谋公司能够选择最有利可图的合谋策略，对第二个及以后候选人的特赦都是毫无用处的。国内学者董志强在他们的研究基础上，提出除了事后惩罚之外，事前的低成本、高效率惩罚机制对合谋防范合约的效率也非常重要。王善平和赵国宇（2008）发现若委托人采取惩罚措施，审计师必须考虑合谋行为败露而遭受严厉的惩罚，参与合谋的概率大大降低。王鹏等（2012）认为厂网分开后，热电厂为追求利益最大化，有虚报抬高机组最小运行方式的内生冲动。以监管部门对热电联产机组最小运行方式审核还是不审核、热电厂上报最小运行方式违规还是不违规为基本策略，建立一个混合策略博弈模型。根据模型的纳什均衡解，设计了与电厂额外收益成正比、与电厂违规程度和违规次数呈指数关系的惩罚费用函数，抑制热电厂的违规行为。

　　为了更加清晰地展示对现有防范规制合谋机制成果的分类，见表2-1。

表 2-1 现有规制合谋防范机制的研究分类

机制分类	研究视角	主要代表人物	主要观点
激励机制	激励监管者	Tirole	对监管者提供补贴
	激励被监管者	Laffont、Tirole	采用低强度激励合同
组织机构	分权	Kofman	集权组织下合谋难以防范
		Laffont、Fame、Martimort	分权机制等价于最优的防范合谋的集权机制
	权力分离	Laffont、Meleu、Martimort,	权力分离的结构可防俘获
		Kofman、Mishra、Laffont、Zantman、Pouyet	权力分离下，规制进程（包括规制层次、监管者竞争以及监管者忠诚程度的变化等）影响规制俘获
惩罚机制	惩罚监管者	G. S. Becker	加大惩罚力度、提高惩罚概率是防合谋的途径
	惩罚被监管者	Kofman	提高惩罚会进一步刺激合谋

四、理论评述

本节首先回顾了电力监管理论、规制经济学以及组织合谋理论的发展动态，对上述文献进行介绍看似并没有直接涉及电力产业中的规制合谋问题，但却是非常有必要的。这是因为，电力规制合谋问题实际上正是电力监管理论与组织合谋理论的交叉领域，而对它们的认识应该放在规制经济学的发展中才能看得准确。从规制经济学的发展过程来看，现阶段以及未来的政府规制中，都应该对规制过程中的规制合谋及其防范问题给予充分的关注。

政府监管是目前制度经济学尤其是规制经济学研究的热点之一。电力产业监管领域中规制合谋行为的防范已经成为政府监管中的一项重要内容，随着全球电力产业规制重建的兴起，它将日益引起众多学者的广泛关注。从现有文献来看，电力产业中合谋的研究基本上都是在电力市场形成的前提下在电价形成过程中发电企业之间默契合谋的研究（Neilson et al., 1993；Bernard John C., et al., 2005；Nilsson Mats, 2005；Frances Zhiyun

Xu，2011）。关于电力产业监管中规制合谋的研究，实际上早有人关注到，关于电力规制合谋问题的文献也并不鲜见，但是上述这些研究均存在一个明显的不足，那就是模型太过简单，结论也太简单，很少从 Tirole 和 Laffont 等发展起来的合谋理论框架来分析合谋行为。组织合谋理论关于产业规制中合谋及其防范的研究，得到的结论多具有普遍性，可以被广泛应用到电力、电信等多个产业的规制中去，缺少专门针对电力产业中规制合谋及其防范的研究成果。因此，无论在电力产业的监管领域，还是组织合谋理论的研究领域，既有的文献都为将两者结合起来研究提供了广阔的空间。

笔者考虑到电力产业监管的特点和中国电力产业监管的实际，运用组织合谋理论，对中国电力产业监管中规制合谋及其防范进行分析，既要用到电力监管的相关理论，又要用到一般规制经济学理论。本书的研究有助于从理论上加深对产业规制中规制合谋的认识，推动电力监管理论向前发展。同时，有助于从理论上拓展组织合谋理论的适用范围，推动组织合谋理论向前发展。

而在中国电力产业监管领域，如何结合中国电力产业监管的实际情况，运用组织合谋理论的分析框架，并借鉴现有组织合谋理论在产业规制领域中研究成果，寻找规制合谋防范的可行途径或思路，并进行相应防合谋机制设计，将是一项具有挑战性的新工作。

五、主要概念界定：规制、监管、合谋、俘获与寻租

在上述对理论发展动态综述的基础上，对于涉及本书研究对象的几个关键概念，从相关理论的产生、研究对象等角度对书中采用的说法进行规定。

1. 规制与监管

在《新帕尔格雷夫经济学大词典》中，"regulation" 就被译为 "管制"，也有一些学者更多地使用 "规制"；而在实际部门，习惯使用 "监管"，如

金融监管、电力监管、公用事业监管，等等。虽然"监管"与"规制"都来源于"regulation"。但是，"监管"与"规制"作为汉语的两个词汇，它们有着各自的词语内涵和理解，两个词汇之间有一定的联系和区别。

规制是在市场经济体制下，为了修正或者改善市场机制的内在问题，政府干预经济主体（尤其是企业）活动的行为，包容了市场经济条件下政府几乎所有的旨在克服广义市场失败现象的法律制度以及以法律为基础的对微观经济活动进行某种干预、限制或约束的行为（［日］植草益，1992）。

监管指的是监督或监视管理，含有保持一定距离（Arm's Length Relationship），为保证事物正常运行而进行监督和控制之意（马英娟，2005）。

关于规制与监管两个词汇的使用，Jerry（2001）认为，这两个词在使用过程中是经常可以互换的，或者是同时使用的，这表明它们都是与某种观念或过程相关的。事实上它们并没有太大的差别。但是当我们对其进行严格区别时，这两者的顺序应该是"规制与监管"，而不能颠倒。规制是指用来影响产业行为的规则或程序，它是立法者或立法机关为了指导某产业而施加于其上的规定或边界。在政治学中，规制通常是指民主社会通过立法来鼓励对社会整体有益的行为，而对社会整体不利的行为进行限制。而监管则是在规制获得通过后进行监督或管理的行为，强调监管行为必须与规则或规制相一致。

关于本书对"规制"和"监管"用法的说明。在实践中，"监管"一词比"规制"更令大众熟悉，中国相关规制机构和公众已经习惯于使用"监管"，官方文件（包括党的十六大报告和近几年国务院的工作报告）都采用了"监管"的说法，新成立规制机构的名称中也出现了"监管"的称谓。因此，考虑到语言习惯性的使用规则，涉及电力行业的管理实践时，本书采用了"电力监管""监管者"的说法。与此同时，"规制"相比"监管"而言，学术意味更强，并且在学术研究中使用范围很广，因此，基于理论研究的需要，在探讨监管者与企业的合谋问题时，本书采用了"经济性规制""环境规制""规制机构""规制合谋"的说法。

2. 合谋、规制俘获与寻租

合谋（Collusion），起初是关于经济学中卡特尔的研究，又被译为"串谋"，指当委托人和代理人间总契约不完全时，拥有信息优势的代理人之间，通过达成某种形式的契约，提高自身效用水平的一种行为。比如，电力市场中某几个或者所有发电公司通过事先私下达成的协议进行投标，从而达到占据较大的市场份额，控制出清电价，获取超额利润的目的。随着规制经济学的发展，合谋有了更广泛的使用范围，除了研究代理人之间的合谋行为，也逐渐开始对监管者和代理人之间的合谋行为进行研究。即指在激励不足时，为了提高监管者和代理人双方的效用水平，拥有信息优势的监管者（事中监管者或者事后审计者均可）可能和代理人达成利益联盟。总之，合谋以损害委托人利益为代价，破坏总契约的显示机制，使得总契约无法在参与约束和激励相容约束下达到最优化。

关于合谋的内涵，可以从两个角度来理解：一是从信息的角度。Stanley Baiman 和 John.H.Evans（1991）认为合谋行为暗含着私下的、法外的安排，合谋存在的潜在性可能会导致委托人（公司所有者）修改与代理人之间签署的契约或委托人的经营政策或者是会计程序。Bente（1995）认为，在委托人和代理人之间的非合作机制下，合谋行为暗含着监管者与代理人共同选择了某个合作行动向量或者合作行动集合，并且这个合作行动向量或者合作行动集合并不是委托人所追求的。如果可供选择的某个合作行动向量或者合作行动集合（通过单边支付来交换）使得合谋主体获得的收益高于他们的预期效用，那么就很有可能发生主体合谋。Sandeep 和 Baliga（1999）指出合谋行为是监督人与代理人之间相互合作、共同操纵信息并向委托人汇报的一种行为，监督人与代理人之间存在着单边交易合约（Side-contract）。二是从后果的角度。Apap Bologna[①]（1997）认为，"所谓合谋指的是为了获得各自的经济利益，欺骗者们进行的一种属于非

① Apap Bologna, "German group plans standards, monitoring for investment advisors", Global Compliance Reporter, Vol.2, No. 16, 1997, pp.1-2.

法欺骗的行为。" Massimo Motta（2005）认为合谋指的是这样一种情形：经济学中厂商的价格高于正常标准的竞争性价格。

无论从哪一个角度来探讨合谋的内涵，通常意义上，合谋的内涵一般需要包含如下三个条件：第一，合谋行为中必须有两个或两个以上的代理人。因为如果只有一个代理人，主体之间的隐藏行为应当归属为逆向选择或道德风险而不是合谋；第二，合谋行为的生成必须能够达成一份合理分配合谋收益的合约——子契约，并且这份子契约只能是君子协定，因为它是不会受到政府法律保护的，即这份子契约必须是自持的；第三，合谋行为是指代理人之间达成的有目的性的并且是具有负外部性的一种合作，因为如果这种合作具有正外部性，就无法将其归属为合谋行为。

寻租（Rent-seeking）作为一个理论概念，是到1974年才由Krueger（1974）在探讨国际贸易中保护主义政策形成原因的一项研究中正式提出来的。她在《寻租社会的政治经济学》一文中第一次对此类问题的福利损失做出符合经济学规范研究的模型化分析，认为发展中国家由于在国际贸易中限制进口而出现大量的寻租活动，并指出寻租活动造成社会资源的巨大浪费。根据她粗略的估算，1964年印度由于进口而形成的租金数约占国民收入的73%，而1968年土耳其仅进口准许项产生的租金就占国民收入的15%。Krueger指出："政府不让人们参加这种活动（泛指各种经济、社会活动），他们显然对一个社会利益集团表示出偏爱，并且选择了一种不平等的收益分配方法……在这种完全显示的情况下，（企业家）处处都要得到批准，以至于寻求租金成为获利的唯一途径。在这种制度下，企业家必须把他们的全部时间和资源用于争夺大量的租金。"

不论是在国内还是国外，寻租定义有许多，下面的两个定义应该有普遍的意义：Stigliz（1981）把寻租解释为那些通过某一行业获得垄断地位或维持垄断地位来获得或保持现存租金的行为。Robert Tollison（1982）指出寻租是耗费稀缺资源攫取的一种人为创造的财产转移。

可见，寻租是政策干预和行政管制的结果，并且这种干预的目的是抑制竞争从而扩大供求差额最终形成差价收入，即租金。寻租活动试图在政府强制实行的垄断下获得人为地制造出来的有利地位，使竞争成为不可能，造成社会福利损失。

政府规制俘获（Regulation Capture）指的是政府规制过程中，因为政府的立法者或者规制机构也有实现自身利益最大化的需求，所以某些被规制企业作为特殊利益集团，就有可能通过采取既定手段对他们进行俘获，从而使得政府立法者或者规制机构提供有利于被规制企业自身行为的管制。Bernstein（1995）开创了规制机构生命周期理论，他认为公共利益理论是天真的，规制机构起初能独立运用规制权力，但逐渐被垄断企业所俘获。"合谋理论"则认为初始的规制政策就受被规制者与其他利益集团的影响，即政府规制者一开始就被俘获。唐跃中（2004）指出代理人捕获效应不一定就是说规制机构人员有腐败行为，主要是指实行规制后，企业与规制机构之间产生了密切联系，规制机构（亦即代理人）可能会维护他们所管辖的行业利益服务而不是为公共利益服务，从而会使监管者对行业利益和公共利益的评估和权衡上产生偏差。

上述三个定义虽然都涉及两个达成联盟的利益主体，而且核心主题都是利益集团通过一定的方式游说政府来影响政策结果，但是又有着本质的区别。根据上述对三个词汇的产生过程以及定义内涵的理解，笔者自绘制表 2-2：

表 2-2 合谋、规制俘获与寻租的区别

	研究对象	行为的主动方	行为过程	行为结果
规制俘获	监管者或立法者与被监管者	被监管者	规制机构起初能独立运用规制权力，但逐渐被垄断企业所俘获	监管者提供有利于被监管者的管制
寻租	寻租者（个人、企业和政府）与监管者	寻租者	寻租者为了取得许可证和配额而进行疏通活动	寻租者获得额外收益（租金）
合谋	代理人之间	无	初始的规制政策就受被监管者与其他利益集团的影响，即政府监管者一开始就被俘获	提高双方效用水平的同时损害委托人利益
	监管者与代理人	无		

　　可见，从研究对象上看，三个词语都有代理人与监管者的行为，除此之外，都包含了其他行为主体之间的行为；从行为主动性和行为过程上看，规制俘获和寻租都有行为的主动方，是被监管者或者寻租者的主动行为，而合谋更多的是对这种行为状态的描述，一开始就承认这种行为是既定存在的，没有行为的主动方；从行为结果上看，无论是规制俘获、寻租还是合谋，最终都导致整体社会福利的降低。

　　因此，基于三个词语在研究对象、行为主动性、行为过程以及行为结果上的区别，考虑到本书的研究对象是电力监管实践中监管者与代理人既有的共同谋划损害委托人利益的行为，更倾向于采用"合谋"一词；并且为了区别于代理人之间的合谋，采用了"规制合谋"的说法，特指代理人与监管者之间的合谋。

第三章 我国电力产业成本监管中规制合谋行为的经济学分析与防合谋初步设想

本章将对我国电力产业成本监管中规制合谋行为进行经济学描述和分析，在此基础上，对中国电力规制合谋防范机制设计进行初步设想，其中包括设计中国电力规制合谋防范机制的总原则、三项基本内容以及两个切入点。

第一节 我国电力产业成本监管中规制合谋行为的经济学分析与描述

上述几类规制合谋有一个共性，就是它们都是由授权监督带来的规制合谋。在公共管理领域，监察是一项重要的活动。与一般的私人管理领域的监察活动比较，公共管理领域的监察在目标和组织方式上都存在鲜明的特点。私人领域的监察往往被称作监督，在组织上，委托人常常可以直接监督代理人，或者雇用专业的监管者来监督代理人。而公共领域的监察，在组织上，社会福利的代表（比如政府）本身并不能直接监督代理人，它常常需要雇用专业的监察者来监督代理人。公共监察领域的合谋行为是极为常见的。监察机构与被监察对象相互勾结不仅是一个经济现象，还通常与腐败、贿赂等联系在一起，成为政治生活中备受公众关注的话题。

以环境规制中的规制合谋为例。国家对企业环境使用权的限制是通过其代理人——政府官员借助国家强制力来进行。政府授权环境监管者对企业的排污水平进行监督，这种授权为环境监管者与被监管者之间的合谋创造了条件，因为环境监管者一旦掌握相关信息，被监管者通常有动机向其提供贿赂，从而逃避有关责任或惩罚。在合谋的情况下，政府官员可能不严格承担国家赋予的责任，默许企业的排污行为。政府官员是以权力获取排污企业的租金，增加个人收益；而排污企业是以租金换取政府官员对其收费标准的降低或对其污染行为的默许，增加个人收益。这时，权力对于政府官员和企业来说异化为一种可以实现或增加个人利益的资本。

因此，本章将运用委托代理理论对电力监管中的规制合谋行为进行经济学分析，分析我国电力产业成本监管中规制合谋行为中各行为主体的委托代理关系，建立我国电力产业成本监管的委托代理框架，为第四、第五、第六章针对这几个主要的规制合谋问题进行防范机制设计做准备。

一、规制合谋行为产生的经济学分析——基于委托—代理理论

从广义上讲，规制合谋的存在有很多原因：自然垄断因素方面的原因，比如厂网分开没有彻底完成、调度独立没有实现、政监分离还没有彻底完成，这使得电力行业的企业与规制机构和相关政府部门有着千丝万缕的联系，为电力监管过程中可能的合谋行为提供了生长的土壤，这些是计划经济经营管理体制下转制带来的问题，也是现阶段我国电力监管领域特有的国情。

此外，监管法规环境不完善也会导致合谋问题。我国监管无规可循，立法滞后，缺少透明度。相关立法滞后，许多重要的领域存在着大量的法律真空，许多领域的监管职能没有得到法律和政策的明确授权，容易造成监管无规可循，无法可依，有时候甚至无法做到依法监管，依规监管。监管效果受人为干扰因素很大，监管部门存在权力膨胀的风险，除此之外，

还存在着利益相关的政府部门、被规制企业寻租、设租的风险。

本书主要从经济学角度进行规制合谋成因的分析，不再讨论规制合谋自然垄断因素以及监管法规方面的原因。在上述合谋子契约中，在利益冲突存在的情况下，监管者作为政府官员，他与企业的合谋是如何实现的？哪些因素的存在使得合谋的产生成为可能？试图用经济学的"经济人"假设和信息不对称理论给予解释。

传统的"经济人"假设的扩展，可以解释监管者的利益追求。企业合谋是为了利润，这是可以用经济学理论解释的。因为根据传统的"经济人"假设，企业作为理性人，在给定约束条件下要最大化自己的经济利益。而对于规制机构中的成员或政府部门的公务员来说，他们作为社会中的人，个人利益、国家利益、社会利益相互依存，与单单追求利润最大化的"经济人"是不同的。但是，以加里·贝克尔、詹姆斯·M. 布坎南为代表的公共选择理论认为，传统的"经济人"假设同样适用于对他们的分析，他们被看作是社会选择和社会行动的基本单位，在公共选择过程中同样追求自我利益的最大化。

从经济学的理性选择理论看，监管者作为"经济人"，在执行监管任务的过程中，将有两种选择：一是做忠实的监管者，将监测到的企业信息如实向委托人汇报，为赋予其权力的委托人创造价值；二是做不忠实的监管者，与被监管对象形成利益集团，通过向委托人隐瞒监测到的企业信息，用手中的权力换取私利。而合谋行为的发生就意味着监管者选择了后一种方式，可以解释的原因是选择这种方式对他来说在其可供选择的范围内是最有利于他的选择，是能够实现其个人利益最大化的选择。因此，合谋行为的形成都是权利主体在调查研究的基础上进行"科学"决策之后做出的一种理性选择。

对于授权监督中的规制合谋问题，Tirole（1986）给出了明确的解释：在委托—代理关系中，凡是动用第三方作为监管者而不是委托人直接监督，那么监管者与被监管者就可能合谋攫取委托人利益。因此，我们将首先运用经济学中的委托—代理理论来描述电力监管过程中的合谋行为。

"委托人"和"代理人"的概念最早来自法律。在法律上，当 A 授权 B 代表 A 从事某种活动时，委托—代理关系就发生了，A 称为委托人，B 称为代理人。而在 20 世纪 60 年代末 70 年代初，一些经济学家深入研究企业内部信息不对称和激励问题时形成了信息经济学的委托—代理理论。在这一理论中，经济学家借鉴并拓展了法律中的"委托—代理"关系，泛指任何一种涉及非对称信息的交易，交易中有信息优势的一方称为代理人，另一方则称为委托人。下面我们将据此抽象出现有电力监管中的委托—代理关系。

　　委托—代理机制下不对称信息的存在，为电力企业的隐性成本、监管者为达成合谋所作的隐藏性努力提供了机会，给予了合谋生长的土壤。一方面政府和发电企业的信息是不对称的。企业由于具有专业的经营知识，政府无法确切观察到重要的商业信息即有关企业真实成本的信息，因此造成了双方信息不对称，以及市场低效率。另一方面政府和监管者之间的信息也是不对称的。政府为了有效控制成本，派遣监管者对企业的生产过程实施监控，获取其商业信息，并负责向政府汇报。但是一份监察结果与真实值的误差，政府不清楚是因监管者失职（不努力）造成还是外生变量（监管技术不完备）造成的，无法判断出监管结果有多大比例是由监管者努力创造出来的。

　　因此，在特定的委托—代理关系下，由于利益冲突的存在，企业与实施监管职能的规制机构很可能构成相应的利益集团。而不同利益集团个体利益的存在，使得在监管过程中，为追求个体利益最大化的非生产性的、有损于社会福利的监管合谋行为产生，瓜分合谋利益，损害政府以及整个社会的利益。

　　总体来说，从经济学的角度来说，电力监管中规制合谋的形成有两个方面：一个是"经济人"的利益驱动，无论是追求利润最大化的企业，还是在公共选择过程中同样追求自我利益最大化的监管者，只有利益的驱动才使得他们有达成合谋联盟的动机；另一个是信息不对称的存在，它为合谋这种违规行为创造了实现的机会。

二、我国电力产业成本监管中规制合谋行为的经济学描述

在电力产业中，政府发展电力的目标是满足社会经济发展的电力需求，并且希望电力产品质量优良、清洁、成本低，带来更多的社会福利。电力行业中的发电企业包括按规定获得电力业务许可证的发电企业、电网经营企业、供电企业等。作为电力产品的供给方，电力企业最关注的重点是利益最大化，希望通过发电、售电获得最大利润，并实现企业的发展壮大。鉴于此，政府需要设立监管部门对电力企业进行监管，力图在电力企业追求最大利润和政府追求的行业和社会目标之间进行平衡。

目前，我国电力工业"厂网分开"，电力市场化改革全面推进之后，发电环节引入了竞争机制，输、配电网仍需垄断经营，行业的系统性风险进一步增大。此时，电力监管体系的调整也被纳入改革方案的整体设计中。为了对电力企业进行有效监管，我国设立了专业的电力监管机构——国家电监会，根据国务院授权，依法统一履行全国电力监管职责。不过，由于竞争性电力市场的建设仍处在试点阶段，电监会还没有得到与之相匹配的监管权，现有与电价监管相关的单位主要还有发改委、国资委、环保总局等政府部门，电力行业中的所有企业都要受到某种形式的监管。由于规制机构的专业监管和长期监管的特点，使得他们对某个行业比较了解，而政府对该行业的了解却相对较少。因此，在政府委派监管部门执行监管任务时，政府与各规制机构之间存在信息不对称，规制机构作为有信息优势的一方是代理人，政府则是委托人。可见，政府与各规制机构之间都存在委托—代理关系。同时，在电力监管过程中，各规制机构和各电力企业之间又是监管与被监管的关系。政府、规制机构、电力企业三者之间的关系如图3-1所示。

在政府与电力企业存在目标分歧的情形下，政府委托规制机构对电力企业进行监管来协调合作中的目标分歧以实现合作的潜在利益。但监管者

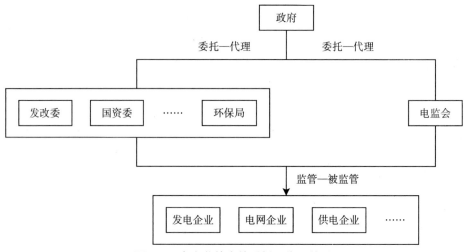

图 3-1　电力监管中的委托—代理关系

在工作过程中，为了获得自身利益，可能在满足规定标准的前提下，考虑企业利润的影响因素，对能蒙混过关的事项尽量敷衍。具体地，在上述委托—代理机制下，考虑在电力行业结构的单一买方模式下，可能的合谋子契约包括（见图 3-2）：

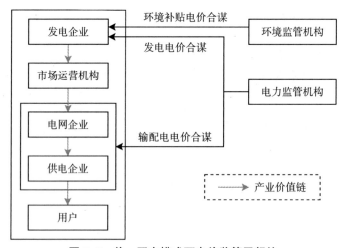

图 3-2　单一买方模式下电价监管子契约

一是在发电环节可能出现监管者与发电企业的合谋。在竞争性的发电市场没有形成之前，委托人根据监管者的报告来确定对企业的电价核定。监管者关于每个企业拥有比委托人多的信息，而合谋的可能性来自于企业在监管者报告中的利益。

二是在环境规制的政府补贴电价中，可能会出现监管者与企业的合谋。国家对企业环境使用权的限制是通过其代理人——政府官员借助国家强制力来进行，即政府授权环境监管者对企业的排污水平进行监督。这种授权为环境监管者与被管制者之间的合谋创造了条件，因为环境监管者一旦掌握相关信息，被管制者通常有动机向其提供贿赂，从而逃避有关责任或惩罚。

三是在输电这高垄断环节的监管中，可能会出现监管者与企业的合谋。政府委托规制机构去获取有关企业技术水平的信息，根据提供的信息来确定对企业的回报率和价格。当企业具有低成本技术时，如果其私有信息没有被规制机构得到，它可以凭借自身的技术、成本方面的优势获得信息租金。而一旦规制机构得到私有信息，该企业就存在与规制机构合谋的动机。

在电力监管的不同发展阶段，监管有着不同的职能。根据第一章第一节中国电力监管的发展趋势可知，中国的电力监管职能经历了"经济性规制—环境规制—经济性规制与环境规制并重"的变迁。在不同的电力监管职能下，上述电价合谋行为有着不同的表现。从电力监管职能和电力生产环节角度出发，可以把上述电价合谋行为分为两大类：

1. 发电环节的规制合谋

（1）经济性规制中的规制合谋。在单一买方模式的经济性规制中，监管者的作用是监管购电合同的签订过程中的规制合谋行为，表现为发电环节监管者与发电企业的合谋。

（2）环境规制中的规制合谋。在单一买方模式的环境规制中，监管者的作用在于核定环境补贴电价。在环境规制的政府惩罚或补贴电价中，可能会出现监管者与企业的合谋。

（3）双重规制模式下的规制合谋。电力产业的可持续性以及电力监管工作的复杂性决定了电力监管需要多个部门的共同参与，政府同时授权电力监管者与环境监管者分别对电力企业的生产水平和治污水平进行监督，并且将经济性目标和社会性目标融入一个整体中以系统地分析和设计。

在双重规制模式下，环境补贴电价合谋和发电电价合谋可能会同时发生并相互影响。这与单纯的经济规制合谋或环境规制合谋不同，企业既希望凭借自身的技术、成本优势，与电力监管者合谋获得信息租金；也希望凭借自身的治污优势，与环境监管者合谋获得信息租金。并且企业与单个监管者合谋的利益大小将根据经济性目标和社会性目标权重的改变而改变。

2. 输配电环节的规制合谋

在输配电环节中，监管者的作用是控制垄断性环节（输电和配电）的价格和成本，设定垄断的输电和配电业务电价，其中的规制合谋表现为输电环节监管者与输电企业的合谋。

第二节　我国电力产业成本监管中规制合谋防范机制设计的总原则

组织合谋理论在产业规制领域取得了不少研究成果，但是这些成果未必能直接应用于中国电力产业的监管实践当中，因为我国的国情与西方国家以及欧洲福利国家有本质上的不同。中国监管改革的起点通常是政府的完全行政垄断，然后部分放开市场，扩大市场准入，逐渐地建立市场，并且鼓励市场来进行资源的配置，这是政府逐步退出直接经济活动的一个过程，与此同时，配套的法规法制建设还在逐步强化过程中，需要监管制度的尽快建立来矫正市场失灵以及应对政府有序退出时缺失的机制。与中国的情况不同，在西方国家，即便政府需要对国有企业进行管理，政府的行为、企业的运行以及政府和国有企业之间的关系都会受到严格的法律约束，政府和企业的行为也相对规范。对于美国而言，过去 20 多年的监管改革，并不是简单的"放松管制"或是"解除管制"，而是在新的制度环境下对监管方法、监管范围和监管制度安排的适应性调整，是应对新环境的再管制，即"Re-regulation"。因此，简单移植西方发达国家监管的模式和方法是不可取的，我们主张创新性地吸收发达国家监管改革的有益经验，更重要的是，要充分结合中国自己的实际情况进行制度创新。

中国电力监管体制的改革，应在借鉴国外先进经验的基础上，充分结合中国电力工业的特点、市场化改革的推进步骤、中央和地方政府的体制特点以及特定的历史条件，着力解决现行监管体制中的突出问题，最终构建与国际现代电力监管体制潮流相符合的新型监管体制。为此，本书在中国电力监管体制改革的背景下进行中国电力规制合谋的防范机制设计时，应遵循如下原则：

一是中国电力规制合谋的防范机制设计需要与我国电力工业市场化改革的进程相对应。中国的现实和他国的经验都说明，电力工业的市场化改革是一项复杂并且需要分步骤进行的漫长过程，采取厂网的产权分开、发电竞价上网，而后输电网分开，最后到售电引入竞争的实施步骤。在此过程中，设计中国电力规制合谋的防范机制，应同电力市场竞争的引入环节和竞争强度相对应，从而最大限度地发挥防合谋机制的作用。

二是中国电力规制合谋的防范机制设计需要与中国电力产业的协调发展相对应。中国电力产业的发展面临着严峻的环境约束，在电力市场化改革的过程中，不但要对电力产业中的垄断行为进行监管、保证电力市场公平竞争，还要逐步加强对电力产业的环境规制。因此，设计中国电力规制合谋的防范机制，应同经济性规制和环境规制的双重规制模式相对应，以保证电力产业的协调发展。

第三节 我国电力产业成本监管中规制 合谋防范机制设计的两个切入点

中国电力规制合谋防范机制的设计，应该从哪些方面入手？这是我们值得考虑的问题。本节将针对中国电力监管中的规制合谋，运用经济学中的委托—代理理论、扩展的"经济人"假设、理性选择理论以及信息不对称理论对规制合谋的形成原因进行分析。在此基础上，找到设计中国电力规制合谋防范机制的两个切入点。

根据上述对电力监管中规制合谋成因的经济学分析的论述，监管者的"经济人"性质和信息不对称是合谋形成的两个重要原因。因此，具体到设计规制制度来防范中国电力规制合谋，我们将从消除或减弱这两个因素的角度，选择如下两个切入点：通过对监管者实施奖惩，使监管者参与合谋互惠的动机减弱；通过对规制制度进行重建，增加防合谋的成本，从而减弱信息不对称带来的合谋机会。

一是抑制合谋动机。防范规制合谋，应该承认监管者正当的利益诉求，通过给予优秀的监管者物质奖励或者荣誉奖励，在合理范围内满足他们的需求，使监管者有积极性去努力实现委托人的利益；或者通过对合谋的监管者进行惩罚，抑制监管者的合谋动机，约束监管者的行为。同时，加强精神文明和职业道德建设，提高监管者的思想和职业修养，强化监管者对合谋行为风险的认识，从道德规范上约束其合谋行为。

二是减少信息不对称带来的合谋机会。一方面，通过建立信息披露机制，增加信息的透明度，减少信息不对称性。要求监管对象按有关规定如实披露有关信息，通过信息披露，规制机构才能通过对信息真实性的监督实现对其行为的监管，其他市场主体、社会公众才能参与对信息优势者的监督，从而消除各市场主体之间的信息不对称，减少信息不对称带来的社会福利损失。信息披露下信息透明度的实现主要表现在：清晰地描绘规制机构的作用范围；公开其决策机制；明确地制定监管规则和仲裁争议的程序；公布其决定以及做出决定的理由；将规制机构的行为和被监管者的履行行为定期向公众报告；规定有效的上诉机制；将规制机构的行为和工作效率报告提交给外部检查人员进行详细的审查。另一方面，通过规制内容的重建，增加合谋的交易成本，减少合谋机会。我国现行的电力监管体制改革中的一些内容，实际上已经起到了增加合谋交易成本的作用。例如，逐步实现政监分离。政府各部门负责政策和规划的制定；规制机构执行政府政策，对电力市场进行日常的、专业化的监管。通过分离政策制定职能和监管职能，有效避免规制机构的政策制定者和执行者的双重身份，从而对规制机构的权力进行约束，减少规制决策的失误。此外，还可以通过法律授权。通过法律明确授予设置规制机构，并且分配其监管职能，从而规制机构的一切行为都将受到法律和监管规则的约束，通过依法监管避免规制机构滥用权力的行为。

第四节　我国电力产业成本监管中规制合谋防范机制设计的两项基本内容

中国电力产业监管中规制合谋防范机制的设计，应该立足于中国电力工业市场化改革的进程，同竞争的引入范围、强度以及电力产业的协调发展相对应，着眼于解决现行监管体制中存在的突出问题。

因此，笔者在总结归纳中国电力产业监管中规制合谋问题在不同阶段的表现形式和特点的基础上，根据前文对我国电力产业不同生产环节以及不同监管职能下典型规制合谋行为的阐述，选择现在和未来几个突出的规制合谋作为研究的基本内容和具体议题：发电环节中经济性规制中规制合谋的防范机制设计、环境规制中规制合谋的防范机制设计、双重规制中规制合谋的防范机制设计，以及输配电环节中输配电成本核定中规制合谋的防范机制设计。每一个议题也都具有相当的学术意义。

一、我国发电企业成本监管中规制合谋防范机制设计

1. 经济性规制下规制合谋防范机制设计

通过完善经济性规制中的制衡约束机制来促进电力企业提高效率，以增加整个社会的福利水平。经济性规制是电力监管的一个重要内容，也是电力监管的一个最基本的职能，因此，中国应该构建与经济性规制相适应的电力规制合谋防范体系，以促进电力企业提高效率。

中国目前需要针对发电企业成本监督和输电企业成本核定中规制合谋，进行防合谋机制的设计，这将构成本书的研究内容一：尝试建立经济性规制下发电企业成本监督中规制合谋的防范机制。根据中国电力行业发电调度的实际，对"P–S1、S2–A框架下多指标决策时某一个监管者与代理人合谋"进行研究，在学术研究方面是对现有的"P–S–A框架下单指标决策时一个监管者与代理人合谋""P–S1、S2–A框架下多指标决策时两个监管者同时与代理人合谋"文献的补充；此外，还建立了经济性规制下输电成本核定下规制合谋的防范机制，根据输电环节自然垄断的特点，对规制者合谋的"激励+惩罚"机制进行研究，考察了不同额度的惩罚（"激励+固定惩罚"和"激励+可变惩罚"）对规制合谋以及对输电量安排的影响，在学术方面是对现有的惩罚策略文献的补充。

2. 环境规制下规制合谋防范机制设计

通过完善环境规制中的制衡约束机制来加强电力产业的环境保护。环境规制作为社会性监管的一部分，也是电力监管不可忽视的一部分，因此，中国应该构建与环境规制相适应的电力规制合谋防范体系，以促进电力企业保护环境。

中国目前需要针对政府财政补贴政策下燃煤火电厂的治污水平监测（控制其 SO_2 和烟尘等污染物的排放）中的规制合谋，进行防合谋机制的

设计，这将构成本书的研究内容二：尝试建立环境规制下电价补贴中规制合谋的防范机制。根据电力行业治污技术逐步提高的特点，从脱硝补贴随着脱硝成本变化的不同情况出发定义了三种环境补贴中的分阶段定价，对"固定定价"和"分阶段定价"策略下达成合谋的均衡条件、合谋生成所需的贿金以及防合谋成本进行研究，在学术方面是对现有的"合谋与环境规制政策选择"文献的补充。

3. 经济性和环境双重规制下规制合谋防范机制设计

通过构建与中国国情相适应的、具有制衡约束功能的经济性和环境双重规制组织框架，来保证电力产业与环境的协调发展。各国的电力监管实践说明经济性与环境双重规制的重要性，经济性规制措施的实施考虑环境保护的需要，因此，中国应该构建与双重规制相适应的电力规制合谋防范体系，以促进电力企业可持续发展。

中国目前需要针对发电企业与电力监管者在成本监督中的规制合谋以及发电企业与环境监管者在治污水平监测中的规制合谋同时存在的情况，进行防合谋机制的设计，这将构成本书的研究内容三：尝试建立双重规制下发电企业成本监督中规制合谋的防范机制。根据中国电力产业监管中经济性和环境两种不同职能的规制在不同发展阶段下规制地位发生变化的特点，对"P-S1-S2-A框架下规制次序为监管者2先行时监管者2与代理人先合谋、监管者1与代理人后合谋""P-S2-S1-A框架下规制次序为监管者1先行时监管者1与代理人先合谋、监管者2与代理人后合谋"进行研究，在学术研究方面是对现有的"P-S1、S2-A框架下无规制次序时两个监管者与代理人同时合谋"文献的补充。

二、我国输配电成本核定下规制合谋防范机制设计

中国目前需要针对输电企业成本核定中的规制合谋进行防合谋机制的设计，这将构成本书的主要研究内容：根据输电环节自然垄断的特点，对规制者合谋的"激励+惩罚"机制进行研究，考察了不同额度的惩罚（"激

励+固定惩罚"和"激励+可变惩罚")对规制合谋以及对输电量安排的影响，在学术方面是对现有的惩罚策略文献的补充。

第五节　规制合谋防范机制设计的研究方法和技术路线

在研究方法上，总的来说是采用了现代经济学的分析方法。在现代经济学中，关于个体行为方式的模型化推导有三个非常重要的假设：个体是自利的；需要订立合约的不同个体之间的行为是互动的；订立合约的不同个体之间的信息常常是不对称的。笔者采用现代经济学分析方法，就是考虑在经济个体具有完全经济理性的假设下，通过模型化的手段来推测经济个体行为的极端复杂性后，对中国电力产业监管中合谋防范机制进行研究。

在具体研究方法上，主要运用了博弈论、组织合谋理论等经济学方法。在博弈论中，主要是运用其中的非对称信息博弈下激励合约的设计理论，这是因为合谋问题在根本上"应该与信息不对称联系起来"，而电力监管中的规制合谋行为，最主要的成因也是因为信息不对称。除此之外，本书也可能会使用到一些其他的研究手段，例如比较制度分析。

在研究思路上，本书主要是基于 Tirole、Laffont 和 Martimort 等经济学家发展起来的合谋问题分析基本框架，根据笔者对电力监管中规制合谋的特点来构造特定的理论模型，探讨现行及未来中国电力监管中合谋行为的防范机制。具体地，笔者拟使用基于逆向选择模型扩展后的 P–S–A（委托人—监管者—代理人）分析框架，在这样的框架中，监管者可能和代理人（或者代理人之间）为了更多地攫取信息租金，成功地隐瞒信息并且合谋。委托人面对的问题是如何设计一个防范合谋的合约。当然，他未必能找到一个能够彻底防范合谋的合约，因为制度也不总是十分完善而没有一点点漏洞，那么合谋在很多情况下总是不能避免的。通过以上论述可以发现，委托人需要考虑的应该是如何在各种制度之间做出选择，尽可能地避免或减小规制合谋带来的社会福利损失。

对于本书采用的技术路线可做如下总结：将经典的逆向选择模型扩展到多层次代理或多代理人的情况，构建需要的 P-S-A 模型→制度 1 下不存在合谋时的最优合约设计→制度 1 下存在合谋时的最优合约设计→制度 2 下不存在合谋时的最优合约设计→制度 2 下存在合谋时的最优合约设计→比较两个无合谋合约、防合谋合约的效率，选择相对于委托人来说的最优合约或制度→依据最优合约或制度得到更丰富的结论和政策含义。以上路线针对每一个专题都是通用的。当然，具体应用时不一定完全按照这些环节来操作，但思路大体与此相同。这样的技术路线对本项目的研究来说应当是切实可行的。

本章在对中国电力规制合谋机理的经济学分析的基础上，对中国电力规制合谋防范机制设计做出初步设想：首先确定了设计中国电力规制合谋防范机制的总原则；其次确定了设计中国电力规制合谋防范机制的三项基本内容；最后确定了设计中国电力规制合谋防范机制的两个切入点。

这些基础性的工作，将为接下来的第四章、第五章、第六章奠定基础，这三章将结合中国电力产业监管的实际情况，针对中国电力产业监管中典型的规制合谋问题，从抑制合谋动机和减少信息不对称带来的合谋机会出发，借鉴现有组织合谋理论在产业规制领域中的研究成果，寻找规制合谋防范的可行途径或思路，并进行相应防合谋机制的设计。

第四章 经济性规制下发电企业成本监管规制合谋防范机制设计

前文已经对目前中国发电企业经济性规制中的规制合谋行为进行了总结，本章针对发电成本监管中的规制合谋进行防范机制设计。在完全竞争电力市场没有形成之前，是无法通过市场的力量实现低电价和电力资源的有效配置的。此时，总是需要政府监管力量的介入。而政府与电力监管者之间存在信息不对称，发电企业为获取更高的电价，从而增大利润，可能有动机向政府隐藏成本信息。同时，追求自身利益最大化的规制机构，也会被特殊的利益集团俘获而提供有利于他们自己的规制。最终，发电企业与电力监管者可能达成一种私下协议形成合谋，这将导致电价过高等问题。本章将针对发电成本监管中的规制合谋，从发电出力分配规则的角度来考察发电环节规制合谋的防范机制。

第一节 防范发电成本规制合谋的基本思想

目前，单一经济性规制下发电企业成本监督中，规制合谋形成的背景是建立在基于投资回报率规制基础上的电价形成机制，这种电价机制可能带来成本低的发电企业与电力监管者达成私下协议，模仿成本高的企业以得到更多的电价补偿，从而形成合谋。成本低的企业跟监管者合谋，试图模仿成本高的企业以得到更多的转移支付。监管者在探测企业成本方面的合谋之防范，可借鉴政府采购合谋规制模型。

单一经济性规制下发电企业成本监督中的规制合谋的防范，本书考虑从两个方面进行。一方面，在既定的发电调度模式下，考虑防范发电企业与电力监管者合谋下的最优出力分配安排。从合谋动机上，对于追求利润最大化的发电企业来说，关系发电企业利益的是发电获得的利润，利润是电价与电量的乘积，即电价和电量是关系发电企业利益的两个方面。因此，从发电企业出力分配调整的角度来考虑如何减少由发电企业在电价补偿上合谋带来的损失，这是一个值得关注的问题。究竟应该怎样调整成本高的发电企业的出力分配以及成本低的发电企业的出力分配，才能抑制他们的合谋动机？笔者试图寻找到能够防范监管者在探测企业成本方面合谋的出力分配方案。既然通过合谋可以获得较高的电价，那么，为防范合谋，就可以让政府将根据发电企业的成本进行发电出力的分配，通过降低对合谋企业的出力分配（控制其产量）来给予控制和约束。关系监管者利益的是政府给予其的报酬，为使其汇报真实的监测信息，政府可以通过对监管者支付激励报酬的方式以防止其合谋。总的来说，政府可以通过对企业出力分配合约以及对监管者报酬支付合约的调整来抑制他们的合谋动机。

另一方面，考虑不同的发电调度模式在防范发电企业与电力监管者合谋上的有效性。从不同的发电调度模式来看，它们在防范规制合谋中所起的作用和影响是有差别的，因此，发电调度模式的选择也是一个值得讨论的问题。结合我国电力监管体制改革的发展趋势，考虑两种一般的发电调度模式：单指标发电调度和双指标发电调度。

需要说明的是，这里说的双指标发电调度是从节能发电的角度考虑的。若单纯理解节能发电调度的控制标准，则是"竞耗上网"，并没有引入价格机制，与电力市场化改革引入的"竞价上网"有一定的差别。竞耗上网旨在降低发电机组的煤耗率，从燃煤机组来说，煤耗是发电成本的大头，降低煤耗，可以说降低了发电成本的主要部分，抛开发电厂的固定成本不说，决定发电厂的边际利润，一是销售电量，也就是上网电量，二是变动成本。煤耗率是变动成本中的主要构成部分，约占到60%，在煤价不断上涨的今天，可能还要大于这个比例。显然，煤耗下降，变动成本也就能较大幅度下降，应该说，发电企业的边际成本的提升与降低煤耗的关系是很大的。当然变动成本还包含着其他许多因素，诸如维护维修费用、人员工资、其他消耗费用等，因此节能发电调度如单纯只以竞耗指标为唯一的上网排序的控制标准，那么显然是不利于全面降低发电企业边际成本的，若再将固定成本的因素考虑进去，则更影响全面控制发电企业的成本与全面提升经济效益。

如果在节能发电调度的执行过程中，按照《节能发电调度办法（试行）》的要求，做好节能发电调度与电力市场建设的衔接工作，在以竞耗上网为标准的同时，融进竞价上网的标准，在考虑煤耗高低和排放多少的同时，也考虑上网报价的高低，特别是在考虑煤耗高低和污染排放时，将同等条件下上网报价的高低也作为标准之一。通过将"竞耗"与"竞价"的有机结合，在执行节能发电调度的同时，做好与电力市场建设的吻合工作，既有利于推进电力市场化改革，促进竞价上网的全面执行，也有利于发电厂和电网企业的节能减排，有利于电力企业特别是发电企业降低包括煤耗在内的变动成本和包括投资建设成本在内的固定成本，发电企业能全面降低成本，各种消耗下降，煤耗与价格都会下降，则无论是执行节能发电调度，还是执行竞价上网，或是二者有机结合方式的双重标准，都有利于争取发电量多上网，如此电量销售增大，变动成本下降，边际利润自然是在双向提升，提升运营效率也就顺理成章了。

因此，在单指标发电调度下，生产成本是影响发电企业电量分配的唯一因素，环境监管者的监测结果只是对企业环保的评价，不影响发电企业的发电量决策；在双指标发电调度下，环境监管者先对治污信息进行监测并公布，将治污和生产成本作为共同影响发电企业电量分配的因素。在以往的调度规则下，生产成本是影响发电企业电量分配的唯一因素，环境监管者的监测结果只是对企业环保的评价，不影响发电企业发电量决策；如果环境监管者先对治污信息进行监测并公布，将治污和生产成本作为共同影响发电企业电量分配的因素，这种模式是否可以减少电力监管者与企业合谋的机会？哪一种发电调度模式可以减少电力监管者与企业合谋的机会？笔者试图从防范发电企业与电力监管者合谋的角度，提出一个关于发电调度模式选择的经济理论，对上述问题给予回答。

当生产成本是影响发电企业电量分配的唯一因素时，以火力发电机组为例，此时的调度模式（模式1）下，机组分为两类（见图4-1）：能耗低的机组和能耗高的机组。成本规制合谋行为是：能耗低的机组模仿能耗高的机组。

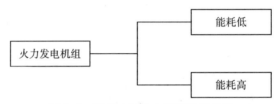

图4-1　模式1下火力发电机组分类

当治污和生产成本作为共同影响发电企业电量分配的因素时，火力发电机组分为四类（见图4-2）：能耗低排放低的机组、能耗低排放高的机组、能耗高排放低的机组、能耗高排放高的机组。在上网排序的时候，依次为：能耗低排放低的机组—能耗低排放高的机组—能耗高排放低的机组—能耗高排放高的机组。成本规制合谋行为应该是：能耗低排放低的机组模仿能耗高排放低的机组；能耗低排放高的机组模仿能耗高排放高的机组。

图4-2　模式2下火力发电机组分类

可见，通过发电调度模式的调整，对于火力发电机组来说，合谋的发电机组虽然没有变化，仍然是能耗低的机组，但是不同污染物排放水平的机组模仿的对象不同，从而，同样能耗低的机组，如果污染物排放水平不同，那么它们的合谋收益是不同的。显然，污染物排放水平高的就比污染物排放水平低的获得更少的出力分配，这意味污染物排放水平高的机组参与合谋的机会成本高于污染物排放水平低的机组参与合谋的机会成本。当发电企业污染物排放水平的差别增大到一定程度，出力分配的急剧减少会诱使那些污染物排放水平高的发电企业背离利益集团。此时，对于委托人而言，只需使那些污染物排放水平低的发电企业背离利益集团就足以打破合谋集团。显然，用这种方式委托人可以以较小的代价来打破合谋集团。

第二节　单指标调度下防合谋合约

一、基本模型

考虑如下三层等级结构：政府—监管者—发电企业。为了方便起见，假设每层的风险都是中性的，且不再考虑发电企业容量约束。

假设发电企业生产电量 q 花费的发电成本表示为 $C_g = f_1 + \theta * Q$，其中，C_g 是发电成本，θ 是边际发电成本，Q 是发电出力。

设发电企业的效用函数 $U = t - C_g(Q)$，其中，t 是产出为 Q 时政府对发电企业的转移支付。

边际发电成本 θ 是企业的私有信息，服从二元分布 $\{\underline{\theta}, \overline{\theta}\}$，且有 $\Delta\theta = \overline{\theta} - \underline{\theta} > 0$，规定低成本类型发电企业边际成本为 $\underline{\theta}$，高成本类型发电企业边际成本为 $\overline{\theta}$，$\Delta\theta$ 为发电技术水平的提高。发电企业属于这两种成本类

型的概率分别为 v 和 1 − v。

成本监督过程中，假设用 σ 来表示监管者获得的信号，称（σ = Δθ）是有效信号，（σ = Ø）是无效信号。若 θ = $\bar{\theta}$，则监管者只能获得空信号 σ = ϕ；若 θ = $\underline{\theta}$，则监管者可根据所掌握的信息，以概率 x 获得有效信号 σ = $\underline{\theta}$，以概率 1 − x 获得空信号 σ = ϕ。监管者从政府取得收入，得到的效用为 V（s）= s − s*，其中，s* 是它的保留收入，低于此收入监管者将拒绝工作。假设信号 σ 由监管者获取到，而政府对之一无所知，除非监管者报告。

政府在最大化社会福利的条件下，根据监管者汇报的发电企业的成本信息，进行市场份额的配置。电力的安全经济调度可采用社会福利最大化为目标函数。考虑到电力生产带来了社会危害，政府的目标是最大化社会福利，即生产者、规制机构和消费者剩余的总和，再减去电力生产过程中污染物排放带来的社会代价。因此社会福利有如下的表达式：W = S（Q）+ U + V − (1 − λ_0)(t + s) − D（Q），其中，λ_0 是监管者面对的公共资金的影子成本；S（Q）是生产电力产品的消费者剩余，S′（Q）> 0，S″（Q）< 0。直观起见，假定 S（Q）= aQ^2 + bQ，则有 a < 0，b > 0。当监管者忠诚时，有 V = 0。并令常数 s_0 为 0，社会福利表达式可以重新表示为：W = aQ^2 + bQ − (1 + λ_0)(f_1 + θQ) − λ_0U。

二、无合谋合约

当政府雇用忠诚的监管者时，不存在监管者与企业之间的合谋行为。忠诚的监管者会如实汇报 r(r ∈ {σ，Ø})，他与委托人之间的信息是完全对称的，并有 V = 0。此时，政府可依据监管者的报告来确定对发电企业的出力分配。

若监测信号为 （σ = Ø），企业本身类型可能是 $\underline{\theta}$、$\bar{\theta}$ 中任一个。政府虽然得不到任何信息，但是却会根据信号对企业成本类型信念进行修正：

$\Pr(\theta = \underline{\theta} \mid \sigma = \phi) = \dfrac{(1 - x)v}{1 - xv}$，$\Pr(\theta = \bar{\theta} \mid \sigma = \phi) = \dfrac{1 - v}{1 - xv}$。用 $\underline{U}_0$、$\bar{U}_0$ 表示该监测结果下相应类型企业的效用。此时，期望社会福利是 $W_0 = \dfrac{(1 - x)v}{1 - xv} W(\underline{Q}_0, \underline{\theta}) + \dfrac{1 - v}{1 - xv} W(\bar{Q}_0, \bar{\theta})$。

若监测信号为 $(\sigma = \Delta\theta)$，企业只能是 $\underline{\theta}$ 型。用 $\underline{U}_1$ 表示企业效用。此时，期望社会福利是 $W_1 = W(\underline{Q}_1, \underline{\theta})$。

因此，监管者忠诚时，最大化期望社会福利：

$$\max_{\{\theta\}} SW = (1 - xv)W_0 + xvW_1$$

在不对称信息下，最大化上述期望社会福利要满足以下激励相容和参与约束。

激励相容约束（IC）：

$$\underline{U}_0 \geqslant \bar{U}_0 + \Delta\theta\bar{Q}_0 \tag{4-1}$$

$$\bar{U}_0 \geqslant \underline{U}_0 - \Delta\theta\underline{Q}_0 \tag{4-2}$$

参与约束（IR）：

$$\underline{U}_0 \geqslant 0 \tag{4-3}$$

$$\bar{U}_0 \geqslant 0 \tag{4-4}$$

根据 Laffont（1999），当监管者获得有效信号时，最佳规制下企业租金 $\underline{U}_1 = 0$；最佳产出 $\underline{Q}_1$ 满足 $\dfrac{\partial W_1}{\partial \underline{Q}_1} = 0$。并且最有效类型的企业产量不发生扭曲，有 $\underline{Q}_0 = \underline{Q}_1$。注意到 $\bar{U}_0 \geqslant 0$ 是紧条件，构造拉格朗日方程并运用库恩–塔克定理，求解得到最优规制下出力分配：①

---

① 上述模型并没有考虑电力市场的需求 D，那么，在 D 既定时，不妨用"市场份额"这一指标来表示上述调度配置结果，其中，低成本发电企业的市场份额=低成本发电企业的出力/高、低成本发电企业的出力之和；高成本发电企业的市场份额=高成本发电企业的出力/高、低成本发电企业的出力之和。

$$Q_0^* = \frac{(1 + \lambda_0)\underline{\theta} - b}{2a}$$

$$\overline{Q}_0^* = \frac{(1 + \lambda_0)\overline{\theta} - b}{2a} + \frac{\lambda_0(1 - x)v\Delta\theta}{2a(1 - v)}$$

显然，低成本类型的企业可以通过模仿高成本类型的企业，获得租金 $\Delta\theta \times \overline{Q}_0$。

三、防合谋合约

现实中，监管者并不绝对是忠诚的，他们常有可能被企业收买，而这种收买只有在监管者获得信号 $\sigma = \underline{\theta}$ 时才可能发生，因为 $\sigma = \phi$ 时企业是没有动机去收买监管者的。那么，监管者在获得信号 $\sigma = \underline{\theta}$ 时，如果他被企业收买而合谋，他就会谎报 $\sigma = \phi$。

当电力监管者监测到企业是（$\sigma = \underline{\theta}$）时，在下面的防合谋约束条件下，委托人可以使其揭露他监测到的有效信息：

$$V \geqslant k\overline{U}_0 \tag{4-5}$$

上式实际上是一个强的防合谋条件，它确保任何时候监管者均不会被收买。

最佳规制下，防合谋约束条件是紧的。因此，委托人为激励电力监管者如实汇报信息，所付出的期望成本为 $C = \lambda_0 xvk\Delta\theta\overline{Q}_0$。

考虑到防合谋的需要，此时的最优化问题变为在式（4-1）至式（4-4）以及在防合谋条件式（4-5）下，最大化期望社会福利：

$$\max_{|\theta|} SW_1 = SW\big|_{\mu_1 = \mu_2 = 0} - \lambda_0 xv \cdot k\overline{U}_0$$

用 $\underline{Q}_{10}^*$、$\overline{Q}_{10}^*$ 表示最优防合谋合约下低、高成本类型企业的出力分配，求解得：

$$Q_{10}^* = \frac{(1 + \lambda_0)\underline{\theta} - b}{2a}$$

$$\overline{Q}_{10}^* = \frac{(1 + \lambda_0)\overline{\theta} - b}{2a} + \frac{\lambda_0(1 - x)v\Delta\theta}{2a(1 - v)} + \frac{\Delta\theta}{2a}\lambda_0 xvk$$

此时的防合谋合约由以下两个子合约组成：一是政府对监管者实施合约 $\{(0|\phi),(k\Delta\theta\overline{Q}_{10}^*|\Delta\theta)\}$，即当监管者汇报 ϕ 时，$s^* = 0$，政府只需对其支付保留收入 s_0；当监管者汇报 $\Delta\theta$ 时，$s^* = k\overline{U}_0$，政府在对其支付保留收入之外，还额外支付 $s^* = k\Delta\theta\overline{Q}_{10}^*$；二是政府对各种类型发电企业最优出力分配满足上述优化条件。

第三节　多指标调度下防合谋合约

单指标调度并没有考虑发电企业在电能生产中的外部性问题，即如何通过调度规则的设计来激励发电企业减少在电能生产中的污染排放问题。为了激励发电企业减少其在电能生产中的污染排放，许多学者开始研究多指标调度，即选择在调度规则中引入减排指标，对环保指标进行量化，并将其和发电成本一起作为发电出力分配的依据，旨在鼓励使用绿色能源的发电企业生产的电能多发电。因此，在多指标调度下，调度方案的形成不仅取决于发电企业的发电成本，还取决于发电企业的排污成本。现在加入发电企业的治污绩效变量，对调度模式1中的基本模型进行扩展。

一、基本模型的扩展

发电企业的治污成本为 $C_a = f_2 + \mu\theta_0\xi Q$，其中，$f_2$ 是固定治污成本，θ_0 是边际污染治理成本，ξ 是生产单位电量所产生的污染量，μ 是治污系数

（或治污积极性）。发电企业的效用函数变化为 $U = t - C_g(Q) - C_a(E_a)$。社会福利的表达式变化为 $W = aQ^2 + bQ - (1 + \lambda_0)[f_1 + \theta*Q + f_2 + \theta_0*\mu*\xi Q] - \lambda_0 U$。

假设各企业的 θ_0、ξ 都是已知并且相同的常量，在治污技术水平上的差异主要表现在 μ 上，[①]用 $\bar{\mu}$、$\underline{\mu}$ 分别表示污染物排放水平低、排放水平高企业的治污系数，且有 $\bar{\mu} > \underline{\mu}$。假设 μ 取 $\bar{\mu}$ 的概率为 p，取 $\underline{\mu}$ 的概率为 $(1 - p)$。根据企业的能耗（即发电成本）和污染物排放水平，将其分为四种类型：$(\underline{\theta}, \underline{\mu})$、$(\underline{\theta}, \bar{\mu})$、$(\bar{\theta}, \underline{\mu})$、$(\bar{\theta}, \bar{\mu})$。

二、无合谋合约

当机组污染物排放水平低时，若监测信号为 $(\sigma = \phi)$，企业本身类型可能是 $(\underline{\theta}, \bar{\mu})$、$(\bar{\theta}, \bar{\mu})$ 中的任意一个，用 $\underline{U}_{0d}$、$\bar{U}_{0d}$ 表示该监测结果下相应类型企业的效用，期望社会福利是 $W_{0d} = \dfrac{(1 - x)v}{1 - xv} W(\underline{Q}_{0d}, \underline{\theta}) + \dfrac{1 - v}{1 - xv} W(\bar{Q}_{0d}, \bar{\theta})$。

若监测信号为 $(\sigma = \Delta\theta)$，企业只能是 $(\underline{\theta}, \bar{\mu})$ 型，用 $\underline{U}_{1d}$ 表示企业效用，期望社会福利是 $W_{1d} = W(Q_{1d}, \underline{\theta})$。

当机组污染物排放水平高时，若监测信号为 $(\sigma = \phi)$，企业本身类型可能是 $(\underline{\theta}, \underline{\mu})$、$(\bar{\theta}, \underline{\mu})$ 中的任意一个，用 $\underline{U}_{0g}$、$\bar{U}_{0g}$ 表示该监测结果下相应类型企业的效用，期望社会福利是 $W_{0g} = \dfrac{(1 - x)v}{1 - xv} W(\underline{Q}_{0g}, \underline{\theta}) + \dfrac{1 - v}{1 - xv} W(\bar{Q}_{0g}, \bar{\theta})$。

若监测信号为 $(\sigma = \Delta\theta)$，企业只能是 $(\underline{\theta}, \underline{\mu})$ 型，用 $\underline{U}_{1g}$ 表示企业效

[①] 这是因为实践中，环境规制中的违规行为多发生在监控和数据上报方面，即在 μ 上的隐藏行为更加突出。

用，期望社会福利是 $W_{1g} = W(Q_{1g}, \underline{\theta})$。

因此，当监管者忠诚时，政府的目标是最大化期望社会福利：

$$\max SW_3 = p[(1 - xv)W_{0d} + xvW_{1d}] + (1 - p)[(1 - xv)W_{0g} + xvW_{1g}]$$

激励相容约束变化为：

$$\underline{U}_{0d} \geqslant \overline{U}_{0d} + \Delta\theta\overline{Q}_{0d} \tag{4-6}$$

$$\overline{U}_{0d} \geqslant \underline{U}_{0d} - \Delta\theta\underline{Q}_{0d} \tag{4-7}$$

$$\underline{U}_{0g} \geqslant \overline{U}_{0g} + \Delta\theta\overline{Q}_{0g} \tag{4-8}$$

$$\overline{U}_{0g} \geqslant \underline{U}_{0g} - \Delta\theta\underline{Q}_{0g} \tag{4-9}$$

参与约束变化为：

$$\underline{U}_{0d} \geqslant 0 \tag{4-10}$$

$$\overline{U}_{0d} \geqslant 0 \tag{4-11}$$

$$\underline{U}_{0g} \geqslant 0 \tag{4-12}$$

$$\overline{U}_{0g} \geqslant 0 \tag{4-13}$$

求解得到最优规制下出力分配：

$$Q_{0d}^* = \frac{(1 + \lambda_0)(\underline{\theta} + \overline{\mu}\theta_0\xi) - b}{2a}$$

$$\overline{Q}_{0d}^* = \frac{(1 + \lambda_0)(\overline{\theta} + \overline{\mu}\theta_0\xi) - b}{2a} + \frac{\lambda_0(1 - x)v\Delta\theta}{2a(1 - v)}p$$

$$\underline{Q}_{0g}^* = \frac{(1 + \lambda_0)(\underline{\theta} + \underline{\mu}\theta_0\xi) - b}{2a}$$

$$\overline{Q}_{0g}^* = \frac{(1 + \lambda_0)(\overline{\theta} + \underline{\mu}\theta_0\xi) - b}{2a} + \frac{\lambda_0(1 - x)v\Delta\theta}{2a(1 - v)}(1 - p)$$

此时，$(\underline{\theta}, \overline{\mu})$ 成本类型的企业模仿 $(\overline{\theta}, \overline{\mu})$ 类型的企业，获得租金 $\Delta\theta\overline{Q}_{0d}$；$(\underline{\theta}, \underline{\mu})$ 类型的企业模仿 $(\overline{\theta}, \underline{\mu})$ 类型的企业，获得租金 $\Delta\theta\overline{Q}_{0g}$。

三、防合谋合约

当电力监管者监测到企业的真实情况（$\sigma = \Delta\theta$）时，在下面的防合谋约束条件下，委托人可以使其揭露他监测到的有效信息：

$$V \geqslant k[p\Delta\theta\overline{Q}_{0d} + (1-p)\Delta\theta\overline{Q}_{0g}] \qquad (4-14)$$

委托人为激励监管者如实汇报信息，付出期望成本为 $C_2 = \lambda_0 xvk[v\Delta\theta\overline{Q}_{0d} + (1-v)\Delta\theta\overline{Q}_{0g}]$。考虑防合谋期望成本，新的最优化问题是在式（4-6）至式（4-13）以及式（4-14）的约束下最大化期望社会福利：

$$\max SW_4 = SW_3 - \lambda_0 xvk[p\Delta\theta\overline{Q}_{0d} + (1-p)\Delta\theta\overline{Q}_{0g}]$$

求解得最优防合谋合约下出力分配：

$$Q_{10d}^* = \frac{(1+\lambda_0)(\underline{\theta} + \overline{\mu}\theta_0\xi) - b}{2a}$$

$$\overline{Q}_{10d}^* = \frac{(1+\lambda_0)(\overline{\theta} + \overline{\mu}\theta_0\xi) - b}{2a} + \frac{\lambda_0(1-x)v\Delta\theta}{2a(1-v)}p + \frac{\Delta\theta}{2a}\lambda_0 xvk$$

$$Q_{10g}^* = \frac{(1+\lambda_0)(\underline{\theta} + \underline{\mu}\theta_0\xi) - b}{2a}$$

$$\overline{Q}_{10g}^* = \frac{(1+\lambda_0)(\overline{\theta} + \underline{\mu}\theta_0\xi) - b}{2a} + \frac{\lambda_0(1-x)v\Delta\theta}{2a(1-v)}(1-p) + \frac{\Delta\theta}{2a}\lambda_0 xvk$$

此时的防合谋合约由以下两个子合约组成：一是政府对监管者实施合约 $\{(0|\phi), (k(v\Delta\theta\overline{Q}_{10d}^* + (1-v)\Delta\theta\overline{Q}_{10g}^*)|\Delta\theta)\}$，即当监管者汇报 ϕ 时，$s^* = 0$，政府只需对其支付保留收入 s_0；当监管者汇报 $\Delta\theta$ 时，政府在对其支付保留收入之外，还额外支付 $s^* = k(v\Delta\theta\overline{Q}_{10d}^* + (1-v)\Delta\theta\overline{Q}_{10g}^*)$；二是政府对各种类型发电企业最优出力分配满足上述优化条件。

第四节 政府对两种调度模式的选择

政府的目标是如下的执行问题：在既定的出力分配以及租金下，最大限度地减少由防合谋时耗费成本带来的社会损失，以获取占优的社会福利。

两种模式下的期望防合谋成本分别是 $C_1 = \lambda_0 xvk\Delta\theta\overline{Q}_0$，$C_2 = \lambda_0 xvk[v\Delta\theta\overline{Q}_{0d} + (1-v)\Delta\theta\overline{Q}_{0g}]$，把防合谋合约中的最优出力分配分别代入其中，得：

$$C_1 = \lambda_0 xvk\Delta\theta\Big[\frac{(1+\lambda_0)\overline{\theta}-b}{2a} + \frac{\lambda_0(1-x)v\Delta\theta}{2a(1-v)} + \frac{\Delta\theta}{2a}\lambda_0 xvk\Big]$$

$$= \lambda_0 xvk\Delta\theta\frac{(1+\lambda_0)\overline{\theta}-b}{2a} + \lambda_0^2 xvk\frac{(1-x)v\Delta\theta^2}{2a(1-v)} + \frac{\Delta\theta^2}{2a}(\lambda_0 xvk)^2$$

$$C_2 = \lambda_0 xvk[p\Delta\theta\overline{Q}^*_{10d} + (1-p)\Delta\theta\overline{Q}^*_{10g}]$$

$$= \lambda_0 xvk\Delta\theta p\Big[\frac{(1+\lambda_0)(\overline{\theta}+\overline{\mu}\theta_0\xi)-b}{2a} + \frac{\lambda_0(1-x)v\Delta\theta}{2a(1-v)}p + \frac{\Delta\theta}{2a}\lambda_0 xvk\Big]+$$

$$\lambda_0 xvk\Delta\theta(1-p)\Big[\frac{(1+\lambda_0)(\overline{\theta}+\underline{\mu}\theta_0\xi)-b}{2a} +$$

$$\frac{\lambda_0(1-x)v\Delta\theta}{2a(1-v)}(1-p) + \frac{\Delta\theta}{2a}\lambda_0 xvk\Big]$$

$$= \lambda_0 xvk\Delta\theta\Big[p\frac{(1+\lambda_0)(\overline{\theta}+\overline{\mu}\theta_0\xi)-b}{2a} + (1-p)\frac{(1+\lambda_0)(\overline{\theta}+\underline{\mu}\theta_0\xi)-b}{2a}\Big]+$$

$$\lambda_0^2 xvk\frac{(1-x)v\Delta\theta^2}{2a(1-v)}[p^2 + (1-p)^2] + \frac{\Delta\theta^2}{2a}(\lambda_0 xvk)^2$$

C_1 和 C_2 的展开式均有三项，它们的第一项和第三项分别是相同的。

之所以第一项也相同，是因为 $\frac{(1+\lambda_0)\overline{\theta}-b}{2a}$ 和 $\big[p\frac{(1+\lambda_0)(\overline{\theta}+\overline{\mu}\theta_0\xi)-b}{2a} +$

$(1 - p)\dfrac{(1 + \lambda_0)(\overline{\theta} + \mu\theta_0\xi) - b}{2a}$] 分别表示在两种调度模式中政府对所有

低成本类型企业的出力分配，而 Baron（1985）指出最有效类型的企业产量不发生扭曲。这样，C_1 和 C_2 的区别在于第二项，去掉共同因子 $\lambda_0^2 xvk$

$\dfrac{(1 - x)v\Delta\theta^2}{2a(1 - v)}$，实际上需要比较的是 $[p^2 + (1-p)^2]$ 与 1。显然，$[p^2 + (1-p)^2] \leqslant 1$。所以，$C_2 \leqslant C_1$。由此，我们得出如下结论。

结论：只要 $p \neq 0.1$，那么选择多指标调度来防合谋是必要且可行的。

该结论表明了多指标调度优于单指标调度，因为它防范合谋的激励成本较低。

进一步考察结论 1，在我们的模型中，p 指企业污染物排放水平低的可能性，而 p 取值不同，防合谋成本的减少程度是不同的，也就是说，从防合谋效率上看，多指标调度优于单指标调度的程度不同，p 的取值对多指标调度在防范发电企业成本规制合谋中发挥的作用有着直接的影响。那么，我们有如下推论。

推论：从防合谋效率上看，当 p = 0，1，多指标调度并不优于单指标调度，这可能会使得多指标调度对于提高政府福利来说几乎没有什么作用；当 $p = \dfrac{1}{2}$，多指标调度在防范发电企业成本规制合谋中发挥的作用最大。

第五节　结论与政策建议

本节针对发电企业和电力监管者之间可能存在的合谋问题，应用组织

---

① Baron D., "Regulation of prices and pollution under incomplete information", Journal of Public Economics, Vol. 28, No. 2, 1985, p.211.

合谋理论，以发电市场两种常见的发电调度模式（传统发电调度模式、节能发电调度模式）为例，分别给出最佳防合谋的出力分配方案，研究了发电企业与电力监管者存在合谋威胁的情况下，应该如何设计对发电企业的出力分配才能最有效地维护政府（委托人）的利益。在此基础上，通过比较防合谋时两种调度模式带来的最大社会福利，得出政府在两种调度模式之间的选择将受到两类企业的生产成本和治污积极性的影响。

理论模型表明：第一，政府对发电企业出力分配的调整对合谋动机有一定的限制作用，其中降低高成本企业的出力分配达到特定的值足以防止合谋。第二，在不同的发电调度模式下，政府对发电企业出力分配的调整对合谋动机的限制作用是有差别的。从整体的防合谋效率上看，多指标的发电调度模式要优于单指标的发电调度模式，且且这种占优的程度会随整个行业治污水平相差程度的变化而不同。具体地，当所有发电企业在环境保护方面的水平相差不大时，这种防合谋的效率优势不太明显；当发电企业在环境保护方面水平的差别非常大时，比如说有一半的发电企业处理了所有的污染，而另一半的发电企业在处理污染方面没有任何的行动和效果，这时候如果采取多指标发电调度，它在防合谋效率上的优势将大大超出单指标的发电调度。

上述模型可以在实践中找到原型。单指标调度模式下，政府依据企业的发电成本进行电力负荷的分配，这可以理解为传统的调度方式。因为在传统的调度方式下，一般考虑电力系统运行的经济性目标，即根据电力系统负荷预测，在满足系统功率平衡、起停时间等一系列约束条件下，依据各发电企业的发电成本，确定一个调度周期（短时调度，即日调度方式通常为24h）内各时段参加运行的机组和各机组在运行时段的出力。多指标调度模式下，政府依据发电企业的发电成本和治污绩效进行电力负荷的分配，这可以理解为节能发电调度方式。因为节能发电调度是指在保障电力可靠供应的前提下，按照节能、经济的原则，优先调度可再生发电资源，按机组能耗和污染物排放水平由低到高排序，依次调用化石类发电资源，最大限度地减少能源、资源消耗和污染物排放。尚金成（2008）对节能发电调度进行了多种经济补偿机制和结算模式的设计后发现，无论是哪种设计模式，都存在一个共同点，就是政府依据发电企业的发电成本和治污绩效进行电力负荷的分配。

通过我们的研究可以发现：传统的调度方式下，生产成本是影响发电企业出力分配的唯一因素，环境监管者的监测结果只是对企业环保的评价，不影响发电企业发电量决策。节能发电调度方式下，将治污和生产成本作为共同影响发电企业出力分配的因素，这种模式可以减少发电企业成本规制合谋的机会。这是因为投资回报率规制容易导致发电企业成本规制合谋，发电企业通过合谋来隐藏生产技术的进步从而获得高的电价补偿。对于政府而言，防范合谋的一个有效方法是诱使发电企业背离利益集团。为此，委托人必须调整原有的调度模式以确保发电企业更少地参与合谋。当出力分配中加入治污因素，从而将发电企业区别对待时，污染物排放水平高的企业就比污染物排放水平低的企业获得更少的出力分配，在一定条件下，为了不因为治污效果差而失去市场配额的分配，治污效果差的低成本类型企业会主动说明自身技术水平进步，而不再合谋隐藏技术进步。

上述研究是笔者将 P-S-A 模型分析框架应用到发电企业与电力监管者合谋防范问题的一个新收获和新结论，将有助于深化对发电出力分配在防合谋作用上的认识。随着对环保问题的重视，发电调度开始由传统的发电调度模式过渡到节能发电调度模式，即由单指标调度走向多指标调度。组织合谋理论中，现有的文献有关于"P-S-A 框架下单指标决策时一个监管者与代理人合谋"和"P-S_1、S_2-A 框架下多指标决策时两个监管者同时与代理人合谋"的研究，没有关于"P-S_1、S_2-A 框架下多指标决策时某一个监管者与代理人合谋"的研究。我们在多指标发电调度模式下对 P-S-A 模型进行扩展，构建多指标发电调度的规制合谋模型，为分析"P-S_1、S_2-A 框架下多指标决策时两个监管者同时与代理人合谋"问题奠定了基础。

除此以外，上述结论还深入揭示了发电调度方案对于防范规制合谋的作用，将为当前以及未来主张能源与环境协调监管的电力市场环境下防范规制合谋提供新的思路，这对于显现及提升发电调度在电力资源优化配置上的重要性是有借鉴意义的。需要说明的是，本书的模型与目前的节能调度办法稍有不同，考虑按能耗水平的高低来分配电量，而不是按能耗水平的高低排序，这是因为本书没有考虑机组的容量限制，假设机组总有足够的容量来完成分配的任务，从而根据机组的能耗水平进行电量的分配。但是，这对本书的结论影响不大。因为本书主要考虑的是合谋带来的损失，所以，无论是按高低排序，还是按高低分配电量，这都是按能耗水平来进行调度。

由此得到关于发电调度模式的思考。传统的调度方式和节能发电调度方式作为我国现行和未来的两种重要的发电调度模式，无论是哪一种调度模式，因为它们都涉及了影响发电企业利益的出力分配，所以，在防范发电企业与电力监管者成本规制合谋中都将发挥作用。而两种发电调度模式的差别则决定了它们在防范发电企业与电力监管者成本规制合谋中发挥的作用大小是不同的。根据笔者的理论，因为投资回报率规制容易导致发电企业成本规制合谋，对于政府而言，防范合谋的一个有效的办法是诱使发电企业背离利益集团，而当出力分配的决定因素由单指标变为双指标，即从传统的发电调度方式过渡到节能发电调度模式时，由于出力分配的决定因素中额外加入治污因素，将发电企业区别对待，从而污染物排放水平高的企业就比污染物排放水平低的企业获得更少的出力分配，在一定条件下，为了不因为治污效果差失去市场配额的分配，治污效果差的低成本类型企业会主动说明自身技术水平进步，而不再合谋隐藏技术进步，从整体上减少发电企业成本规制合谋的机会。

所以，笔者的政策建议是：随着环保意识的增强以及社会性规制尤其是环境规制的日益重视，我国政府需改革现行发电调度方式，在开展节能发电调度这一调度方式以减少能源消耗和污染物排放的同时，还可以有效防止发电成本监督中的规制合谋，此举值得大力推广。

第五章　环境规制下发电企业成本监管规制合谋防范机制设计

脱硫脱硝电价的环境规制政策实施以来，确实极大地促进了烟气脱硫脱硝产业的发展，对中国火电企业的燃煤脱硫脱硝污染水平的降低起到了巨大的推动作用，但是，执行效果却不尽理想，问题主要体现在现有监管硬件条件缺乏，同时制定的规制政策又无法规避一些漏洞。比如说在现行的电价补贴机制下，依据脱硫脱硝装置的投运率这一指标来确定是否给予火电企业电价补贴，但是目前在线监测脱硫脱硝装置的设备安装率比较低，脱硫脱硝装置投运率的实时监测还是个难题。这样就很容易导致监管不到位或监管合谋行为，最终出现一些火电企业装了脱硫脱硝设施不用，却享受着全额脱硫脱硝电价补贴的现象。

而在现实中，中国电力企业带来的环境污染的实际水平要远远大于报告出的排污水平，这一点也间接地反映出中国电力产业环境规制中的规制合谋问题。由于合谋行为通常隐蔽性非常强，最终发现并确认的合谋行为仅是非常少的一部分。郭新帅等（2009）指出从实际情况来看，我国相当多的规制机构都面临着预算吃紧或不足的局面，这使得管制者有动机接受甚至主动向被监管企业索取贿赂，从而弱化政府政策的管制效果。因此，授权管制情形下的合谋行为在发展中国家是非常普遍的现象。

2017年5月17日，国务院常务会议确定进一步减少涉企经营服务性收费等措施，其中"降低脱硫脱硝电价"引发了火电行业内的担忧。在这种情况下，一方面，火电环保设备改造、运营成本无法覆盖，势必滋生更多环境违法事件；另一方面，现阶段可以通过没收脱硫脱硝电价来惩罚违规企业，若补贴降低，又要用什么手段来约束违规排放呢？因此，在未来脱硝电价定价和实施的过程中，如何规避监管漏洞，减少社会福利的损失更是值得思考的。

第一节　防范发电环境规制合谋的基本思想

在现行环境财政补贴政策下，政府将对安装并按规定运行脱硫脱硝设备的发电企业给予一定的脱硫电价补贴，但是在监测脱硫脱硝装置的投运率时，可能由于监管者的监管不到位或故意违规行为，最终出现一些火电企业装了脱硫脱硝设施不用，却享受着全额脱硫脱硝电价补贴的现象。环境规制中的合谋已经成为学者们高度关注的问题，尤其是面对接下来政府将要降低的脱硫脱硝电价补贴制度。

以脱硝为例，脱硝运行率低的发电企业与监管者合谋，试图模仿脱硝运行率高的企业以得到更多的政府财政转移支付。与防范发电企业成本规制合谋的思想不同，防范监管者在探测发电企业脱硝运行率方面的合谋，不可借鉴政府采购合谋规制模型。这是因为在现行的环境规制实施中，只是对发电企业脱硝运行率真实数据的监测，它并不影响（或决定）发电企业的出力分配或者排污权的获取，即政府对电力产品的采购并不取决于发电企业在治污水平或治污绩效方面的效果。

有关学者已经指出，因为新老机组、不同区域机组不同，脱硝成本差距较大，所以应该按新建和改造划分制定不同的标准，这有益于提高目前严重亏损的火电企业积极性。当然，"分档定价"不失为解决监管者在探测发电企业脱硝运行率方面合谋防范的一种途径，但是，仔细分析政府财政补贴的额度，我们会发现：低于治污成本的财政补贴额度才是发电企业脱硝运行率监测中规制合谋行为发生的根本原因。

政府对发电企业的这一行为施予财政补贴，是政府诱导企业参与到治理环境外部性活动中的一项激励政策，如果政府财政补贴的金额可以满足发电企业治理污染的需要，那么，从企业追求利润最大化的目标来说，治污行动的实施是可以顺利进行的，也是不存在合谋行为的。之所以在探测发电企业脱硝运行率过程中出现规制合谋行为，就是因为对于政府来说，治污作为企业的一种社会责任，它不可能对此给予完全的补贴，即政府给予企业的补贴往往达不到企业治污的标准，因此，脱硫或者脱硝作为发电企业治理生产带来的环境外部性的一种行为，它与企业追求利润最大化的目标是冲突的。由此，就造成一个奇怪的现象：只要政府对发电企业进行低于其治污成本的补贴，必然会有合谋行为的出现，这是不可避免的。

那么，在低于治污成本的财政补贴额度下，面对不可避免的规制合谋行为，尤其是面对接下来政府将要降低的脱硫脱硝电价补贴制度，该如何建立防范机制呢？既然规制合谋行为在财政补贴额度不足的情况下无法避免，那么，我们所要做的就是尽可能减少合谋行为带来的社会福利损失。单一环境规制中环境财政补贴中规制合谋问题，本书考虑从财政补贴额度的角度出发，因为政府不同的财政补贴额度对环境规制合谋有着重要的影响。

由此，笔者提出分阶段脱硝电价，具体是指假设每一阶段整个发电行业所要完成的治污数量和污染排放数量是受到控制的一个恒定的量，那么，初始阶段，当这个发电行业的治污能力较低、治污成本占总成本比较大的时候，政府为了实现环境规制的目标，可以对发电企业进行较高额度的脱硝电价补偿；随着这个行业治污水平的提高，治污成本占总成本比变小，政府可以逐步减少脱硝电价补贴的额度；当整个行业的治污水平较高，治污成本占总成本非常小的一部分时，政府就可以不再对发电企业进行脱硝电价的补偿。

从分阶段脱硝电价的具体含义上看，电价补偿的额度是在逐步递减的，从而企业与监管者合谋得到的租金是逐步递减的，合谋带来的社会福利的损失应该是逐渐递减的。对于长期固定的脱硝电价来说，电价补偿的额度是固定不变的，因此企业与监管者合谋得到的租金是固定不变的，合谋带来的社会福利的损失则是不变的。从防合谋的效果上看，似乎分阶段脱硝电价要优于长期固定的脱硝电价。那么，考虑治污成本随着行业治污水平的提高而降低，相应地，在未来的脱硝电价机制中，按行业不同的发展阶段制定不同的脱硝电价标准，实行"分阶段定价"机制，这种"分阶段定价"机制相对于固定定价机制，在防合谋的效果上会不会产生更加积极的影响？相对于长期固定的脱硝电价来说，制定的分阶段脱硝电价确实可以减少合谋的损失吗？如果根据环境治污水平的提高，制定与当期的环境治污水平相当、相对较低或者相对较高的脱硝电价机制，在防合谋的效果上会有多大差别？要想正确回答这些问题，需要进行严格的推证。毫无疑问，对这些问题的回答将是很有价值的，因此它们都将进入本书对环境规制合谋研究的视野。

第二节　基本模型假设

考虑如下三层等级结构：政府—监管者—发电企业。为了方便起见，假设所有参与方都是风险中性的，因而各方只关注其期望净收益。

发电企业效用函数为 $U = T(Q) - xC(Q) + A$，其中，$T(Q)$ 是政府为了将社会成本内化而向发电企业进行的转移支付，即脱硝电价补贴，$C(Q)$ 是发电企业对 Q 数量的电力产品进行脱硝处理所产生的处理费，x 为发电企业的脱硝设备运行率，A 为政府脱硝电价补贴与发电企业实际脱硝处理费之间的差额。[①]

为了简化模型，我们对发电企业的效用函数进行形式上的调整。新的发电企业效用函数是 $U = T(Q) - xyC(Q)$，其中，$y = 1 - \dfrac{A}{C(Q)}$，我们称

---

① 政府给予企业的补贴往往达不到企业治污的标准，这是环境规制合谋产生的根本原因。

它为补贴差额系数。y > 0 是一个常数，它的含义是在某个固定的时间段内，政府给予发电企业的脱硝电价补贴与企业的脱硝成本之间的比例是固定的。

为方便起见，假设脱硝处理费用函数 C(Q) 的表达式为 $C(Q) = aQ - \frac{1}{2}Q^2$，其中 a 的值很大，满足 a − Q > 0。于是，$C'(\cdot) > 0$，$C''(\cdot) < 0$。假设补贴函数 T(Q) 取下述常见形式 $T(Q) = tQ$，其中 t 是指企业生产每一单位电量所获得的脱硝电价补贴的固定比例。假设发电企业有脱硝设备全开和脱硝设备并未全时段运行两种类型，为简化模型，假设发电企业的脱硝设备运行率来自一个离散分布 $x = \{\underline{x}, 1\}$，且 $0 < \underline{x} < 1$，这是它的私有信息，政府和监管者并不清楚它的脱硝类型。

监管者代表政府来监测火电企业的排污水平，并将监测结果汇报给上级。由于信息的不对称，监管者不能确切获悉 x 的具体值，并且当发电企业的脱硝设备全开时，监管者只能获得信号 σ = 1；当发电企业的脱硝设备并未全时段运行时，监管者以 ε 的概率获得可验证信号 σ = x，以 1 − ε 的概率获得信号 σ = 1。也就是说，若企业脱硝设备全开，则监管者任何信息都观察不到；若企业脱硝设备并未全时段运行，则监管者可能会观察到其脱硝设备并未全时段运行，也有可能观察不到任何信息。在这样的信息假说下，监管者有可能会漏放一个未全时段运行的企业，但不可能诬陷一个设备全开的企业。ε 是监管者的监督水平，由此带来的监管成本为 E(ε)。假定监管者的监管成本函数为 $E(\varepsilon) = c\varepsilon^2$，其中，c > 0 为监管成本系数，反映监管能力的大小（c 越大，监管者的监测能力越低；c 越小，监管者的监测能力越高）。

当监管者发现企业实际运行的情况时，监管者与发电企业这两个行为主体将会决定是否合谋。而一旦他们进行合谋，这两个行为主体会在合作博弈的作用下，确定出发电企业的贿赂水平 b，同时向政府汇报发电企业的脱硝装备完全投运；如果他们不合谋，那么监管者会毫不留情地向政府汇报他监测到的发电企业脱硝设备运行率。为了促使监管者如实汇报他监测到的真实的企业脱硝设备运行率，加大其主动汇报真实情况的积极性和主动性，假设当汇报企业脱硝设备并未全时段运行时，将在节省支出的脱硝补贴基础上按比例 k_1 对监管者进行奖励。现实中，对监管者的奖励可能体现为职位级别的上升。

博弈的顺序如下：发电企业选择脱硝设备运行率，同时，监管者选择监督水平，两者进行非合作博弈。之后，如果监管者掌握企业实际脱硝设备运行率的证据，那么监管者与发电企业这两个行为主体将会决定是否合谋。一旦他们进行合谋，这两个行为主体会在合作博弈的作用下，确定出发电企业的贿赂水平并向政府汇报发电企业的真实投运率；如果不合谋，则监管者直接向政府汇报企业的真实脱硝设备运行率。

第三节 固定补贴电价下规制合谋发生的条件与贿金确定

假定监管者监测到了火电企业设备投运的真实情况不是完全投运，此时可能会发生规制合谋行为。我们有必要针对分析合谋发生的条件，分析两主体合谋时发电企业的贿赂水平。

首先，分析发电企业的行为动机。如果发电企业无意让监管者帮其隐藏真实的投运信息并选择不贿赂监管者，监管者的最优选择是向政府如实报告企业的真实脱硝设备运行率，发电企业将获得与实际脱硝设备运行率相对应的脱硝电价补贴。如果发电企业以一定数额的贿金贿赂监管者，让监管者帮其隐藏真实的投运信息并向政府汇报它的脱硝设备投运率 $x = 1$，则其生产的每一单位电量都将获得脱硝电价补贴。于是发电企业选择贿赂与不选择贿赂相比，其期望净收益增量为：

$$(1 - \varepsilon)\left[tQ - \left(aQ - \frac{1}{2}Q^2\right)\right] + \varepsilon\left[tQ - \left(aQ - \frac{1}{2}Q^2\right) - b\right]$$

$$= tQ - (aQ - \frac{1}{2}Q^2) - \varepsilon b$$

其次，分析监管者的行为动机。如果监管者不接受贿赂，则其会如实汇报企业的真实脱硝设备运行率 x。如果接受贿赂，并汇报发电企业的脱硝设备全开，则能得到贿赂 b，但是将失去政府在节省支出的脱硝补贴基础上按比例 k_1 对他进行的奖励。于是监管者接受贿赂与不接受贿赂相比，其期望净收益增量为：

$$\varepsilon[k_2b - k_1(1-x)tQ] + (1-\varepsilon)\cdot 0 = \varepsilon[k_2b - k_1(1-x)tQ]$$

事实上，合谋行为发生时，监管者和发电企业应该都能从中得到更多的好处。即双方合谋行为发生的充要条件是：与不合谋相比，合谋存在时发电企业与监管者双方的联合净收益的增量应该不小于0，用公式表示即为：

$$tQ - (aQ - \frac{1}{2}Q^2) - \varepsilon b + \varepsilon[k_2b - k_1(1-x)tQ] > 0$$

假设在发电企业和监管者的合作博弈过程中，双方关于收益的议价能力系数分别为 $1-\alpha$ 和 $\alpha(0 < \alpha < 1)$，从而监管者最终向政府汇报的企业设备投运率和发电企业给予监管者的贿赂水平将由如下纳什乘积最大化确定：

$$[tQ - (aQ - \frac{1}{2}Q^2) - \varepsilon b]^{1-\alpha}\{\varepsilon[k_2b - k_1(1-x)tQ]\}^{\alpha}$$

最终，求解上述最优化问题得：

$$b = \frac{k_1(1-x)tQ}{k_2}\cdot(1-\alpha) + \frac{tQ - (aQ - \frac{1}{2}Q^2)}{\varepsilon}\cdot\alpha$$

第四节　分阶段补贴电价下规制合谋发生的
条件与贿金确定

考虑到脱硝技术进步是必然现象，即脱硝成本依据技术水平的变化进行调整。设计如下的分阶段脱硝电价机制。

假设第 n 期的脱硝成本函数为 $C_n(Q) = C(Q) \cdot J_n$，其中，J_n 为第 n 期的脱硝成本系数，$0 < J_n < 1$。假设第 n 期的脱硝补贴随着脱硝成本的变化而变化，下面分别考虑三种情况：脱硝补贴随着脱硝成本做出同样的变化；脱硝补贴的减少速度没有脱硝成本的减少速度快；脱硝补贴的减少速度比脱硝成本的减少速度快。

一、脱硝补贴随着脱硝成本做出同样的变化

这是最简单的形式，新的脱硝补贴函数为 $T_{1n}(Q) = T(Q) \cdot J_n$。下面，分别考察第 n 期合谋发生的充分必要条件以及合谋所需的贿金。

第 n 期发电企业的效用函数为：

$U = J_n[T(Q) - xyC(Q)]$

第 n 期发电企业选择贿赂与不选择贿赂相比的期望净收益增量为：

$$J_n(1 - \varepsilon)\left[tQ - \left(aQ - \frac{1}{2}Q^2\right)\right] + J_n\varepsilon\left[tQ - \left(aQ - \frac{1}{2}Q^2\right)\right] - \varepsilon b_{1n}$$

$$= J_n\left[tQ - \left(aQ - \frac{1}{2}Q^2\right)\right] - \varepsilon b_{1n}$$

第 n 期监管者选择贿赂与不选择贿赂相比的期望净收益增量为：

$\varepsilon[k_2 b_{1n} - k_1(1 - x)tQ \cdot J_n] + (1 - \varepsilon) \cdot 0 = \varepsilon[k_2 b_{1n} - J_n k_1(1 - x)tQ]$

第 n 期合谋发生的充分必要条件是：

$$J_n \left[tQ - \left(aQ - \frac{1}{2}Q^2 \right) \right] - \varepsilon b_{1n} + \varepsilon \left[k_2 b_{1n} - J_n k_1 (1 - x) tQ \right] > 0$$

从而监管者最终向政府汇报的企业设备投运率和发电企业给予监管者的贿赂水平将由如下纳什乘积最大化确定：

$$\left\{ J_n \left[tQ - \left(aQ - \frac{1}{2}Q^2 \right) \right] - \varepsilon b_{1n} \right\}^{1-\alpha} \left\{ \varepsilon \left[k_2 b_{1n} - J_n k_1 (1 - x) tQ \right] \right\}^{\alpha}$$

于是，求解上述最优化问题得：

$$b_{1n} = \frac{J_n k_1 (1 - x) tQ}{k_2} \cdot (1 - \alpha) + \frac{J_n \left[tQ - \left(aQ - \frac{1}{2}Q^2 \right) \right]}{\varepsilon} \cdot \alpha$$

$$\quad = J_n b$$

二、脱硝补贴的减少速度比脱硝成本的减少速度快

假设此时的脱硝补贴函数为 $T_{2n}(Q) = T(Q) \cdot J_n d$，其中，$0 < J_n d < 1$ 并且 $d > 1$，这可以保证脱硝补贴是在逐渐减少的，并且减少的速度比脱硝成本的减少速度快。下面，分别考察当脱硝补贴的减少速度比脱硝成本减少的速度快时，第 n 期合谋发生的充分必要条件以及合谋所需的贿金。

第 n 期发电企业的效用函数为：

$$U = J_n dT(Q) - xy J_n C(Q)$$

第 n 期发电企业选择贿赂与不选择贿赂相比的期望净收益增量为：

$$J_n (1 - \varepsilon) \left[dtQ - \left(aQ - \frac{1}{2}Q^2 \right) \right] + J_n \varepsilon \left[dtQ - \left(aQ - \frac{1}{2}Q^2 \right) \right] - \varepsilon b_{2n}$$

$$= J_n \left[dtQ - \left(aQ - \frac{1}{2}Q^2 \right) \right] - \varepsilon b_{2n}$$

第 n 期监管者选择贿赂与不选择贿赂相比的期望净收益增量为：

$$\varepsilon \left[k_2 b_{2n} - k_1 (1 - x) tQ \cdot J_n d \right] + (1 - \varepsilon) \cdot 0 = \varepsilon \left[k_2 b_{2n} - J_n d k_1 (1 - x) tQ \right]$$

第 n 期合谋发生的充分必要条件是：

$$J_n \left[dtQ - \left(aQ - \frac{1}{2}Q^2 \right) \right] - \varepsilon b_{2n} + \varepsilon \left[k_2 b_{2n} - J_n d k_1 (1 - x) tQ \right] > 0$$

从而监管者最终向政府汇报的企业设备投运率和发电企业给予监管者的贿赂水平将由如下纳什乘积最大化确定：

$$\{J_n[dtQ - (aQ - \frac{1}{2}Q^2)] - \varepsilon b_{2n}\}^{1-\alpha}\{\varepsilon[k_2 b_{2n} - J_n dk_1(1-x)tQ]\}^{\alpha}$$

于是，求解上述最优化问题得：

$$b_{2n} = \frac{J_n dk_1(1-x)tQ}{k_2} \cdot (1-\alpha) + \frac{J_n[dtQ - (aQ - \frac{1}{2}Q^2)]}{\varepsilon} \cdot \alpha$$

三、脱硝补贴的减少速度没有脱硝成本的减少速度快

假设此时的脱硝补贴函数为 $T_{3n}(Q) = T(Q) \cdot J_n \cdot \frac{1}{d}$。下面，分别考察当脱硝补贴的减少速度没有脱硝成本的减少速度快时，第 n 期合谋发生的充分必要条件以及合谋所需的贿金。

第 n 期发电企业的效用函数为：

$$U = J_n[T(Q) \cdot \frac{1}{d} - xyC(Q)]$$

第 n 期发电企业选择贿赂与不选择贿赂相比的期望净收益增量为：

$$J_n(1-\varepsilon)[tQ \cdot \frac{1}{d} - (aQ - \frac{1}{2}Q^2)] + J_n\varepsilon[tQ \cdot \frac{1}{d} - (aQ - \frac{1}{2}Q^2)] - \varepsilon b_{3n}$$

$$= J_n[tQ \cdot \frac{1}{d} - (aQ - \frac{1}{2}Q^2)] - \varepsilon b_{3n}$$

第 n 期监管者选择贿赂与不选择贿赂相比的期望净收益增量为：

$$\varepsilon[k_2 b_{3n} - k_1(1-x)tQ \cdot \frac{1}{d} \cdot J_n] + (1-\varepsilon) \cdot 0 = \varepsilon[k_2 b_{3n} - \frac{1}{d}J_n k_1(1-x)tQ]$$

第 n 期合谋发生的充分必要条件是：

$$J_n[tQ \cdot \frac{1}{d} - (aQ - \frac{1}{2}Q^2)] - \varepsilon b_{3n} + \varepsilon[k_2 b_{3n} - \frac{1}{d}J_n k_1(1-x)tQ] > 0$$

从而监管者最终向政府汇报的企业设备投运率和发电企业给予监管者

的贿赂水平将由如下纳什乘积最大化确定：

$$\left\{J_n\left[tQ\cdot\frac{1}{d}-\left(aQ-\frac{1}{2}Q^2\right)\right]-\varepsilon b_{3n}\right\}^{1-\alpha}\left\{\varepsilon\left[k_2b_{3n}-\frac{1}{d}J_nk_1(1-x)tQ\right]\right\}^{\alpha}$$

于是，求解上述最优化问题得：

$$b_{3n}=\frac{J_nk_1(1-x)tQ}{k_2}\cdot\frac{1}{d}\cdot(1-\alpha)+\frac{J_n\left[tQ\cdot\frac{1}{d}-\left(aQ-\frac{1}{2}Q^2\right)\right]}{\varepsilon}\cdot\alpha$$

第五节　政府对补贴电价机制的选择

在模型的假设部分，我们曾经假设"为了促使监管者如实汇报他监测到的真实的企业脱硝设备运行率，加大其主动汇报真实情况的积极性和主动性，当汇报企业脱硝设备并未全时段运行时，将在节省支出的脱硝补贴基础上按比例 k_1 对监管者进行奖励"，换句话说，如果政府给予监管者足够的奖励，那么监管者就会汇报关于发电企业脱硝设备运行率的真实数据。从社会福利损失的角度来看，政府为了防范规制合谋，得到真实的脱硝设备运行率，为此付出的成本是 $C=k_1(1-x)tQ$，这一部分显示的是合谋带给政府的社会福利损失。

政府的目标是以下执行问题：在既定的发电企业治污行为下，最大限度地减少由防合谋成本带来的社会损失，以获取占优的社会福利。下面，我们将逐一分析固定脱硝电价以及三种分阶段脱硝电价下的防合谋成本，而防合谋成本最低的那一种电价机制，我们认为它是防合谋最有效的。

依据最优贿金，容易得到在固定脱硝电价下，每一期防合谋成本相同，都是：

$$C_0=\frac{k_2\left[b-\frac{tQ-\left(aQ-\frac{1}{2}Q^2\right)}{\varepsilon}\cdot\alpha\right]}{1-\alpha}$$

在分阶段脱硝电价下，当脱硝补贴随着脱硝成本做出同样的变化时，第 n 期的防合谋成本是：

$$C_{1n} = \frac{k_2\{b_{1n} - \dfrac{J_n[tQ - (aQ - \frac{1}{2}Q^2)]}{\varepsilon} \cdot \alpha\}}{J_n(1 - \alpha)}$$

在分阶段脱硝电价下，当脱硝补贴的减少速度比脱硝成本的减少速度快时，第 n 期的防合谋成本是：

$$C_{2n} = \frac{k_2\{b_{2n} - \dfrac{J_n[dtQ - (aQ - \frac{1}{2}Q^2)]}{\varepsilon} \cdot \alpha\}}{J_n d(1 - \alpha)}$$

在分阶段脱硝电价下，当脱硝补贴的减少速度没有脱硝成本的减少速度快时，第 n 期的防合谋成本是：

$$C_{3n} = \frac{dk_2\{b_{3n} - \dfrac{J_n[tQ \cdot \frac{1}{d} - (aQ - \frac{1}{2}Q^2)]}{\varepsilon} \cdot \alpha\}}{J_n(1 - \alpha)}$$

首先，比较第 n 期的防合谋成本，可以得到：

$C_{2n} > C_0 = C_{1n} > C_{3n}$

其次，比较 n 期内所有产生的防合谋成本。在固定脱硝电价下，n 期内总的防合谋成本是 nC_0；在分阶段脱硝电价下，当脱硝补贴的减少速度与脱硝成本减少的速度相同时，n 期内总的防合谋成本是 $\sum\limits_{i=1}^{n} C_{1i}$；在分阶段脱硝电价下，当脱硝补贴的减少速度比脱硝成本的减少速度快时，n 期内总的防合谋成本是 $\sum\limits_{i=1}^{n} C_{2i}$；在分阶段脱硝电价下，当脱硝补贴的减少速度没有脱硝成本的减少速度快时，n 期内总的防合谋成本是 $\sum\limits_{i=1}^{n} C_{3i}$。既然每一期的防合谋成本都满足 $C_{2n} > C_0 = C_{1n} > C_{3n}$，那么，显然有：

$$\sum_{i=1}^{n} C_{2i} > nC_0 = \sum_{i=1}^{n} C_{1i} > \sum_{i=1}^{n} C_{3i}$$

由此，得出如下结论：当脱硝补贴的减少速度与脱硝成本的减少速度相同时，相对于固定脱硝电价来说，分阶段脱硝电价与在防范规制合谋的效率上并没有任何改进；当脱硝补贴的减少速度比脱硝成本的减少速度快时，采用固定脱硝电价，而不是分阶段脱硝电价，可以带来较少的社会福利损失；当脱硝补贴的减少速度没有脱硝成本的减少速度快时，采用分阶段脱硝电价，可以带来较少的社会福利损失。

第六节 结论及政策建议

在现行的脱硫电价补贴和未来的脱硝电价补贴中，如何防范监测数据汇报时出现的规制合谋，这同样是一个亟须解决的问题。本书考虑整个电力行业中发电企业治污水平随时间逐渐提高的大背景，选择政府对发电企业的财政转移支付额度作为防合谋的突破点，考察防范发电企业与环境监管者合谋的电价补贴机制。

我们研究了发电企业与环境监管者存在合谋威胁的情况下，应该如何设计对发电企业的政府财政转移支付合约才能最有效地维护政府（委托人）的利益。我们的模型从防范发电企业与环境监管者合谋的角度出发，考察了对发电企业"固定定价"和"分阶段定价"两种策略下达成合谋的均衡条件、合谋生成所需的贿金以及防合谋成本。

模型结论表明：相对于长期固定的脱硝电价来说，制定分阶段脱硝电价并不一定会减少合谋的损失。事实上，在进行分阶段定价时，根据环境治污水平的提高，制定与当期的环境治污水平相当、相对较低或者相对较高的脱硝电价机制，它们在防合谋的效果上会有很大差别。具体地，在分阶段定价时，当每一阶段脱硝补贴的减少速度与脱硝成本的减少速度相同时，相对于固定脱硝电价来说，分阶段脱硝电价与在防范规制合谋的效率上并没有任何改进；当每一阶段脱硝补贴的减少速度比脱硝成本的减少速度快时，采用固定脱硝电价，而不是分阶段脱硝电价，可以带来较少的社会福利损失；当每一阶段脱硝补贴的减少速度没有脱硝成本的减少速度快时，采用分阶段脱硝电价，可以带来较少的社会福利损失。

事实上，环境规制中由授权监督带来的规制合谋问题一直是学者们讨论的热点。用动态博弈、演化博弈等方法对污染企业之间、环保部门和污染企业之间相互作用时的策略选择行为进行分析的文献比较多，但是，对于环境规制中环境监管者与发电企业之间合谋问题的防范却一直停留在提高合谋发现的概率、提高监管者的监管执法水平以及对监管者进行激励等方面。本书考虑在整个电力行业中发电企业治污水平随时间逐渐提高的大背景下，选择政府对发电企业的财政转移支付额度作为防合谋的突破点，从脱硝补贴随着脱硝成本变化的不同情况出发，定义了三种环境补贴中的分阶段定价，在环境规制合谋模型分析基础上分析对发电企业"固定定价"和"分阶段定价"两种策略下达成合谋的均衡条件、合谋生成所需的贿金以及防合谋成本，结果指出在"分阶段定价"时，可以考虑使每一阶段脱硝补贴的减少速度慢于脱硝成本的减少速度，这将付出更少的防合谋成本，有助于避免由规制合谋带来过多的社会福利损失。本书从防合谋的角度考虑补贴额度的调整程度，这丰富了为数不多的关于"规制合谋与环境规制政策"的研究。

关于脱硫或脱硝电价补贴的建议的思考。在现行的脱硫电价补贴和未来的脱硝电价补贴中，如何防范监测数据汇报时出现的规制合谋，同样是一个亟待解决的问题。国内有关防范环境规制合谋的研究基本上是传统的思路：提升发现规制合谋的概率，加大对监管者的激励。这些一般性的结论对于防范环境规制合谋并没有产生较大的影响。本书选择政府对发电企业的财政转移支付额度作为防合谋的突破点，考察"固定定价"和"分阶段定价"两种策略下达成合谋的均衡条件、合谋生成所需的贿金以及防合谋成本，认为在进行分阶段定价时，根据环境治污水平的提高，制定与当期的环境治污水平相当、相对较低或者相对较高的脱硝电价机制，它们在防合谋的效果上会有很大差别。

　　由此，提出政策建议：随着整个电力行业中发电企业治污水平的提高，如果要按照行业不同的发展阶段制定不同的脱硝电价标准，即制定"分阶段定价"，可以考虑使每一阶段脱硝补贴的减少速度慢于脱硝成本的减少速度，这将付出更少的防合谋成本，有助于避免由规制合谋带来过多的社会福利损失。

第六章 双重规制下发电企业成本监管规制合谋防范机制设计

根据前文对电力环境规制现状的分析，现行的电力环境规制主要是针对发电企业而言的，电力环境规制中突出的规制合谋也主要是指发电企业与监管者之间的合谋。因此，现行的电力双重规制也主要是针对发电企业而言的，电力双重规制中突出的规制合谋也主要是指发电企业与电力监管者之间以及发电企业与环境监管者之间的合谋。

随着全球气候变暖等其他环境问题日益突出，人们的环保意识也逐渐增强，在电力监管的职责范围和内涵上，除了经济性规制之外，社会性规制尤其是环境规制已经成为电力监管的一个很重要的部分。在"经济性规制与社会性规制"双重规制模式下，原有分散于政府不同部门下的规制机构与发电企业通过一套激励机制联系起来实现联动式管理，不可避免地出现了发电企业跟电力监管者以及发电企业跟环境监管者之间的合谋同时存在的问题，我们必须开始思考防范双重规制合谋的机制设计问题，这是未来电力监管制度完善尤其是监管制衡机制建设的重要部分，在加强电力监管能力建设的今天以及电力与环境可持续发展的时代背景下更具有重要的现实意义。

笔者认为，不同的环境容量状况将决定采取不同的规制模式。当环境容量开始出现缺口时，政府考虑在满足经济发展的基础上减缓电力生产对环境的破坏，会采用"政府—电力监管者—环境监管者—发电企业"的双重规制模式（简称模式1，这是比较接近我国现行监管体制的模式，中国现有的规制模式是电力监管者占据主导地位）。即环境监管者先对企业的治污情况进行监测并汇报，而后电力监管者再对生产情况进行监测和汇报，由政府根据企业的发电和治污绩效决定机组的上网电量；当环境容量缺口进一步扩大，环境规制变得尤为突出时，政府会采用"政府—环境监管者—电力监管者—发电企业"的双重规制模式（简称模式2）。即电力监管者先对企业的生产情况进行监测并汇报，而后环境监管者再对治污情况进行监测和汇报，由政府根据企业的治污和发电绩效决定机组的上网电量。考虑到双重规制模式下电力经济性监管中的规制合谋行为会受到环境规制效率影响、环境规制中的合谋行为也会受到电力经济性监管效率的影响，我们将分析规制次序的不同对整体电力监管效率的影响，并设计不同模式下的防合谋机制，这对于提升发电市场双重规制模式监管效率、完善政府监管体系是有意义的。

第一节　防范双重规制合谋的基本思想

随着全球气候变暖等其他环境问题日益突出，人们的环保意识也逐渐增强，在电力监管的职责范围和内涵上，除了经济性规制之外，社会性规制尤其是环境规制已经成为电力监管的一个重要部分。在"经济性规制与社会性规制"双重规制模式下，发电企业跟电力监管者以及发电企业跟环境监管者之间的合谋同时存在并且相互影响，我们必须开始思考防范双重规制合谋的机制设计问题，这是未来电力监管制度完善的一个重要部分。

本章的研究对象是发电企业与电力监管者以及发电企业与环境监管者之间的合谋，合谋的表现一方面是成本低的企业与电力监管者合谋，试图模仿成本高的企业以得到更多的转移支付，另一方面是治污效果差的企业与电力监管者合谋，试图模仿治污效果好的企业以得到更多的转移支付。而政府将根据发电企业的成本进行发电出力的分配。电力监管者在探测企业成本的合谋，以及环境监管者在探测企业治污效果方面的合谋这一双重合谋行为的防范，仍然可借鉴政府采购合谋规制模型。

双重规制中发电企业成本监督中的规制合谋的防范，本书考虑从两个方面进行。一方面，与单一经济性规制中发电企业成本监督中规制合谋防范的出发点相同，讨论应该怎样调整成本高的发电企业的出力分配以及成本低的发电企业的出力分配，才能抑制他们的合谋动机。从合谋动机上，关系发电企业利益的是发电获得的利润，利润是电价与电量的乘积，即电价和电量是关系发电企业利益的两个方面。既然通过合谋可以获得较高的电价补偿，那么，为防范合谋，就可以通过降低对合谋企业的出力分配（控制其产量）来给予控制和约束。

另一方面，考虑不同的双重规制模式在防范发电企业与电力监管者合谋上的有效性，不同的双重规制模式在防范规制合谋中所起的作用和影响是有差别的，因此，双重规制模式的选择就成了一个值得讨论的问题。在本章的开始部分笔者介绍了"政府—电力监管者—环境监管者—发电企业"和"政府—环境监管者—电力监管者—发电企业"这两种双重规制模式。在双重规制模式下，监管者的不同行动次序构成了不同的双重规制模式，不同的环境容量状况将决定采取不同的规制模式。当环境容量开始出现缺口，政府考虑在满足经济发展的基础上减缓电力生产对环境的破坏，会采用"政府—电力监管者—环境监管者—发电企业"的双重规制模式（简称模式1，这是比较接近我国现行监管体制的模式，中国现有的规制模式是电力监管者占据主导地位）；当环境容量缺口进一步扩大，环境规制变得尤为突出时，政府会采用"政府—环境监管者—电力监管者—发电企业"的双重规制模式（简称模式2）。由此提出问题，哪一种双重规制模式可以减少合谋的损失？笔者试图从防范双重规制合谋的角度，提出一个关于双重规制模式选择的经济理论，对上述问题给予回答。

基于此，本章以发电市场各监管主体行为作为研究对象，运用组织合谋理论的分析工具，围绕两种不同次序的规制模式展开对发电市场双重规制合谋防范机制的研究。具体地，首先建立发电市场双重规制的基本模型以及无合谋模型，其次针对两种不同的规制模式分别分析防合谋的约束条件，并以此为基础建立防范双重规制合谋的激励机制，最后讨论政府在两种规制模式之间的选择。以期模型结论对未来发电市场的双重规制合谋问题的防范起到一些借鉴意义。

第二节　无合谋合约

一、模型假设

在发电市场的双重规制模式下，考虑如下三层等级结构：政府、电力监管者和环境监管者、发电企业。为了方便起见，假设每层都是风险中性的。

假设发电企业生产电量 Q 花费的成本包括发电成本和治污成本两部分，分别表示为 $C_g = f_1 + \theta * Q$；$C_a = f_2 + \theta_0 * E_a$，其中，$C_g$ 是发电成本，f_1 是固定发电成本，θ 是边际发电成本，Q 是发电量；C_a 是治污成本，f_2 是固定治污成本，θ_0 是边际污染治理成本，E_a 是污染治理量，并且有 $E_a = \mu * \xi Q$，ξ 是生产单位电量所产生的污染量，μ 是治污系数。设发电企业效用函数的表达式为 $U = t(Q) - C_g(\theta, Q) - C_a(\theta_0, \mu, Q)$，其中，$t(Q)$ 为产出为 Q 时政府对发电企业的转移支付。

假设 θ_0 是已知的常量。[①] 并且假设 $\theta = \bar{\theta} - \theta_1$，$\mu = \bar{\mu} - \mu_1$，其中，$\theta_1$ 为发电技术水平的提高，μ_1 为治污积极性的降低，它们是企业可能的隐藏水平。假定 θ_1、μ_1 是独立的随机变量，$\theta_1 \in \{\Delta\theta, 0\}$，$\mu_1 \in \{\Delta\mu, 0\}$。并且为了模型求解的方便，假设 θ_1 取 $\Delta\theta$ 的概率为 x，取 0 的概率为 $(1 - x)$；μ_1 取 $\Delta\mu$ 的概率为 x，取 0 的概率为 $(1 - x)$。标记 $\underline{\theta} = \bar{\theta} - \Delta\theta$，$\underline{\mu} = \bar{\mu} -$

[①] 这是因为实践中，环境规制中的违规行为多发生在监控和数据上报方面，即在 μ 上的隐藏行为更加突出。简便起见，本书认为 θ_0 的真实值是可以由环境监管者获取的。

$\Delta\mu$。根据企业的隐藏情况，将其分为四种类型：$(\underline{\theta}, \underline{\mu})$、$(\underline{\theta}, \overline{\mu})$、$(\overline{\theta}, \underline{\mu})$、$(\overline{\theta}, \overline{\mu})$。

为了掌握企业真实的发电技术水平和治污积极性，政府委托电力监管者监测与发电成本有关的信息 θ，并委托环境监管者监测与治污有关的信息 μ。假设用 σ_i 来表示一定监测技术下监管者 $i(i = 1, 2)$ 获得的信号，当监测信号是 $\Delta\theta$、$\Delta\mu$ 时，称 $(\sigma_1 = \Delta\theta)$ 以及 $(\sigma_2 = \Delta\mu)$ 是有效的监测信息；当监测信号是 0 时，称 $(\sigma_i = \varnothing)$ 是无效的监测信息。假设既定监测技术下，监管者 $i(i = 1, 2)$ 发现企业隐藏行为的概率都是 ε。监管者 i 从政府取得收入 s_i，得到的效用为 $V_i = s_i - s_{i0}$，其中，s_{i0} 是他的保留收入，低于此收入监管者将拒绝工作。

政府的目标是最大化社会福利，即生产者、规制机构和消费者剩余的总和，有表达式：$W = U + V_1 + V_2 + S(Q) - D(Q) - (1 + \lambda_0)(s_1 + s_2 + t(Q))$，其中，$\lambda_0$ 是监管者面对的公共资金的影子成本；$S(Q)$ 是消费者使用产量 Q 获得的效用，$S'(Q) > 0$，$S''(Q) < 0$；$D(Q)$ 是生产产量 Q 带来的污染排放造成的消费者效用损失，$D'(Q) > 0$，$D''(Q) > 0$。简便起见，假定 $S(Q) - D(Q) = aQ^2 + bQ$，则有 $a < 0$，$b > 0$；考虑到 s_{10}、s_{20} 是常数，令其均为 0；当监管者忠诚时，有 $V_1 = 0$，$V_2 = 0$。重写上式，$W = aQ^2 + bQ - (1 + \lambda_0)[f_1 + \theta * Q + f_2 + \theta_0 * \mu * \xi Q] - \lambda_0 U$。

当政府雇用忠诚的监管者时，不存在监管者与企业之间的合谋行为。忠诚的监管者会如实汇报 $r_i(r_i \in \{\sigma_i, \varnothing\})$，他与委托人之间的信息是完全对称的，并有 $V_i = 0(i = 1, 2)$。

二、模型建立与无合谋合约

若监测信号为 $(\sigma_1 = \varnothing, \sigma_2 = \varnothing)$，企业本身类型可能是 $(\underline{\theta}, \underline{\mu})$、$(\underline{\theta}, \overline{\mu})$、$(\overline{\theta}, \underline{\mu})$、$(\overline{\theta}, \overline{\mu})$ 中任意一个。用 $\underline{U}_0$、$\hat{U}_0$、$\tilde{U}_0$、$\overline{U}_0$ 表示该监测结果下

相应类型企业的效用，$\underline{P}_0$、$\hat{P}_0$、$\widetilde{P}_0$、$\overline{P}_0$ 表示相应类型出现的条件概率。此时，期望社会福利是：

$$W_0 = \underline{P}_0 W(\underline{Q}_0, \underline{\theta}, \underline{\mu}) + \hat{P}_0 W(\hat{Q}_0, \underline{\theta}, \overline{\mu}) + \widetilde{P}_0 W(\widetilde{Q}_0, \overline{\theta}, \underline{\mu}) +$$
$$\overline{P}_0 W(\overline{Q}_0, \overline{\theta}, \overline{\mu})$$

若监测信号为 $(\sigma_1 = \Delta\theta, \sigma_2 = \emptyset)$，企业可能是 $(\underline{\theta}, \underline{\mu})$、$(\underline{\theta}, \overline{\mu})$ 中任意一个。用 $\underline{U}_1$、$\hat{U}_1$ 表示该监测结果下相应类型企业的效用，$\underline{P}_1$、$\hat{P}_1$ 表示条件概率。此时，期望社会福利是：

$$W_1 = \underline{P}_1 W(\underline{Q}_1, \underline{\theta}, \underline{\mu}) + \hat{P}_1 W(\hat{Q}_1, \underline{\theta}, \overline{\mu})$$

同样地，若监测信号为 $(\sigma_1 = \emptyset, \sigma_2 = \Delta\mu)$，用 $\underline{U}_2$、$\widetilde{U}_2$ 表示该监测结果下相应类型企业的效用；用 $\underline{P}_2$、$\widetilde{P}_2$ 表示条件概率。此时，期望社会福利是：

$$W_2 = \underline{P}_2 W(\underline{Q}_2, \underline{\theta}, \underline{\mu}) + \widetilde{P}_2 W(\widetilde{Q}_2, \overline{\theta}, \underline{\mu})$$

若监测信号为 $(\sigma_1 = \Delta\theta, \sigma_2 = \Delta\mu)$，企业只能是 $(\underline{\theta}, \underline{\mu})$ 型。用 $\underline{U}_3$ 表示企业的效用。此时，期望社会福利是：

$$W_3 = W(\underline{Q}_3, \underline{\theta}, \underline{\mu})$$

因此，两个监管者都忠诚时最大化期望社会福利是：

$$\max_{\{\underline{Q}_0, \hat{Q}_0, \widetilde{Q}_0, \overline{Q}_0, \underline{Q}_1, \hat{Q}_1, \underline{Q}_2, \widetilde{Q}_2, \underline{Q}_3\}} SW = (1 - x\varepsilon)^2 W_0 + x\varepsilon(1 - x\varepsilon)W_1 +$$
$$x\varepsilon(1 - x\varepsilon)W_2 + x^2\varepsilon^2 W_3$$

为激励发电企业汇报真实的生产和治污成本，需要满足如下激励相容约束：

$$\underline{U}_0 \geqslant \hat{U}_0 + \theta_0\xi^*\Delta\mu\hat{Q}_0 \tag{6-1}$$

$$\underline{U}_0 \geqslant \widetilde{U}_0 + \Delta\theta^*\widetilde{Q}_0 \tag{6-2}$$

$$\hat{U}_0 \geq \overline{U}_0 + \Delta\theta^* \overline{Q}_0 \tag{6-3}$$

$$\widetilde{U}_0 \geq \overline{U}_0 + \theta_0 \xi^* \Delta\mu \overline{Q}_0 \tag{6-4}$$

$$\underline{U}_1 \geq \hat{U}_1 + \theta_0 \xi^* \Delta\mu \hat{Q}_1 \tag{6-5}$$

$$\underline{U}_2 \geq \widetilde{U}_2 + \Delta\theta^* \widetilde{Q}_2 \tag{6-6}$$

不同类型企业需要满足如下参与约束:

$$\underline{U}_0 \geq 0 \tag{6-7}$$

$$\hat{U}_0 \geq 0 \tag{6-8}$$

$$\widetilde{U}_0 \geq 0 \tag{6-9}$$

$$\overline{U}_0 \geq 0 \tag{6-10}$$

$$\underline{U}_1 \geq 0 \tag{6-11}$$

$$\hat{U}_1 \geq 0 \tag{6-12}$$

$$\underline{U}_2 \geq 0 \tag{6-13}$$

$$\widetilde{U}_2 \geq 0 \tag{6-14}$$

根据 Laffont(1999),当两个监管者都监测出有效信息时,最佳规制下企业租金 $\underline{U}_3 = 0$;最佳产出 Q_3 满足 $\dfrac{\partial W_3}{\partial Q_3} = 0$,即 $Q_3 = -\dfrac{b - (1 + \lambda_0)(\underline{\theta} + \theta_0^* + \underline{\mu}^* \xi)}{2a}$。

简单起见,表示为 $Q_3 = -\dfrac{d(\underline{\theta}, \ \overline{\mu})}{2a}$。其中,$d(\underline{\theta}, \ \underline{\mu}) = b - (1 + \lambda_0)(\underline{\theta} + \theta_0^* \underline{\mu}^* \xi)$。并且最优规制下最有效类型的企业产量不发生扭曲,有 $\underline{Q}_0 = \underline{Q}_1 = \underline{Q}_2 = Q_3$。

在式(6-1)至式(6-14)的约束条件下最大化期望社会福利,对于这个最优化问题,式(6-7)至式(6-13)是紧条件,最优契约下企业的激励约束也是紧的,构造拉格朗日方程并运用库恩—塔克定理求解上述规划,得到最优规制下产出:

$$\overline{Q}_0 = -\frac{d(\overline{\theta}, \ \overline{\mu})}{2a} + \frac{\lambda_0}{2a} * \frac{(\hat{p}_0 + \frac{1}{2}\underline{p}_0)*\Delta\theta + (\overline{p}_0 + \frac{1}{2}\underline{p}_0)*\theta_0\xi*\Delta\mu}{\overline{p}_0}$$

$$\hat{Q}_0 = -\frac{d(\underline{\theta}, \ \overline{\mu})}{2a} + \frac{\lambda_0}{2a} * \frac{\underline{p}_0}{\hat{p}_0} * \theta_0\xi*\Delta\mu*\frac{1}{2}$$

$$\widetilde{Q}_0 = -\frac{d(\overline{\theta}, \ \underline{\mu})}{2a} + \frac{\lambda_0}{2a} * \frac{\underline{p}_0}{\widetilde{p}_0} * \Delta\theta*\frac{1}{2}$$

$$\hat{Q}_1 = -\frac{d(\underline{\theta}, \ \overline{\mu})}{2a} + \frac{\lambda_0}{2a} * \frac{\underline{p}_1}{\hat{p}_1} * \theta_0\xi*\Delta\mu$$

$$\widetilde{Q}_2 = -\frac{d(\overline{\theta}, \ \underline{\mu})}{2a} + \frac{\lambda_0}{2a} * \frac{\underline{p}_2}{\widetilde{p}_2} * \Delta\theta$$

第三节　双重规制模式下防合谋合约

忠诚的监管者完成监测工作之后，会向政府如实报告 r_i。但对于不忠诚的监管者来说，当他获得无效信息时会如实汇报；而当获得有效信息时，他既可以向委托人告知真相，也可以声称监测调查未取得结果，与发电企业合谋，凭借信息优势从委托人那里获取信息租金。

一、模式 1 下防合谋合约

模式 1 下，环境监管者先执行监测任务。当环境监管者监测出有效信号 $\sigma_2 = \Delta\mu$ 时，他并不知道企业的类型是 $(\underline{\theta}, \ \underline{\mu})$ 还是 $(\overline{\theta}, \ \underline{\mu})$。此时，有三种可能性：电力监管者有 $x\varepsilon$ 的可能性也监测出一个有效的信号（$\sigma_1 = \Delta\theta$），如果环境监管者不揭露企业的信息 $\Delta\mu$，企业能够获得收益 $\underline{U}_1$；电

力监管者有 $x(1-\varepsilon)$ 的可能性没有监测出有效的信号（$\sigma_1 = \varnothing$），如果环境监管者不揭露企业信息 $\Delta\mu$，企业获得 $\underline{U}_0 - U_2$；电力监管者有（$1-x$）的可能性监测出信号（$\sigma_1 = \varnothing$），如果环境监管者不揭露企业信息 $\Delta\mu$，企业获得 $\widetilde{U}_0$。既然环境监管者不知道电力监管者监测到的或是向委托人汇报的企业类型，那么，当环境监管者监测到有效信号时，在式（6-15）的防合谋约束条件下，委托人可以使其揭露他监测到的有效信息：

$$V_2 \geqslant k\min(\underline{U}_1, \underline{U}_0 - U_2, \widetilde{U}_0) = k\widetilde{U}_0 \qquad (6-15)$$

其中，$k \in [0, 1]$ 是合谋私下支付的交易费用折扣。此时，委托人为激励环境监管者如实汇报信息，所付出的期望成本为 $C_{12} = \lambda x \varepsilon k \widetilde{U}_0$。委托人得到环境监管者的真实汇报后，将它公之于众，环境监管者的监测结果就成了共同知识、公众信息。当电力监管者监测出一个有效的信号 $\sigma_1 = \Delta\theta$ 时，他就能断定企业类型是（$\underline{\theta}, \underline{\mu}$）还是（$\underline{\theta}, \overline{\mu}$）。因此，当电力监管者监测到信号（$\sigma_1 = \Delta\theta$）时，在式（6-16）的防合谋约束条件下，委托人可以使其揭露他监测到的有效信息：

$$V_1 \geqslant k[x\varepsilon \underline{U}_2 + (1 - x\varepsilon)\hat{U}_0] \qquad (6-16)$$

此时，委托人为激励电力监管者如实汇报信息，所付出的期望成本为：

$$C_{11} = \lambda x \varepsilon k[x\varepsilon \underline{U}_2 + (1 - x\varepsilon)\hat{U}_0]$$

由此，所付出的总的期望成本为：

$$C_1 = \lambda x \varepsilon k * [x\varepsilon(\underline{U}_2 + \widetilde{U}_0) + (1 - x\varepsilon)(\hat{U}_0 + \widetilde{U}_0)]$$

考虑到防合谋期望成本，此时的最优化问题变为在式（6-1）至式（6-14）、防合谋条件式（6-15）以及式（6-16）下，最大化期望社会福利：

$$\max_{\{\underline{Q}_{0R}, \hat{Q}_{0R}, \widetilde{Q}_{0R}, \overline{Q}_{0R}, \underline{Q}_{1R}, \hat{Q}_{1R}, \underline{Q}_{2R}, \widetilde{Q}_{2R}, \underline{Q}_{3R}\}} SW_1 = SW - \lambda x \varepsilon k * [x\varepsilon(\underline{U}_2 + \widetilde{U}_0) +$$

$$(1 - x\varepsilon)(\hat{U}_0 + \widetilde{U}_0)]$$

求解得到模式 1 下防合谋的最优规制产出：

$$\bar{Q}_{0R_1} = -\frac{d(\bar{\theta}, \bar{\mu})}{2a} + \frac{\lambda_0}{2a} * \frac{(\hat{p}_0 + \frac{1}{2}\underline{p}_0)*\Delta\theta + (\tilde{p}_0 + \frac{1}{2}\underline{p}_0)*\theta_0\xi*\Delta\mu}{\bar{p}_0} +$$

$$\frac{\lambda_0}{2a} * \frac{kx\varepsilon*[(1 - x\varepsilon)\Delta\theta + \theta_0\xi*\Delta\mu]}{(1 - x)^2}$$

$$\hat{Q}_{0R_1} = -\frac{d(\underline{\theta}, \bar{\mu})}{2a} + \frac{\lambda_0}{2a} * \frac{\underline{p}_0}{\hat{p}_0} * \theta_0\xi*\Delta\mu * \frac{1}{2}$$

$$\tilde{Q}_{0R_1} = -\frac{d(\bar{\theta}, \underline{\mu})}{2a} + \frac{\lambda_0}{2a} * \frac{\underline{p}_0}{\tilde{p}_0} * \Delta\theta * \frac{1}{2}$$

$$\hat{Q}_{1R_1} = -\frac{d(\underline{\theta}, \bar{\mu})}{2a} + \frac{\lambda_0}{2a} * \frac{\underline{p}_1}{\hat{p}_1} * \theta_0\xi*\Delta\mu$$

$$\tilde{Q}_{2R_1} = -\frac{d(\bar{\theta}, \underline{\mu})}{2a} + \frac{\lambda_0}{2a} * \frac{\underline{p}_2}{\tilde{p}_2} * \Delta\theta + \frac{\lambda_0}{2a} * \frac{kx\varepsilon}{1 - x} * \Delta\theta$$

$$\underline{Q}_{0R_1} = \underline{Q}_{1R_1} = \underline{Q}_{2R_1} = \underline{Q}_{3R_1} = -\frac{d(\underline{\theta}, \underline{\mu})}{2a}$$

因此，模式 1 下防合谋合约由三个子合约组成：一是环境监管者先对企业的治污情况进行监测并汇报，此时政府对环境监管者实施合约 $\{(0|\phi), (k\tilde{U}_0|\Delta\mu)\}$。即当环境监管者报告 ϕ 时，$s_2^* = 0$，政府只需对其支付保留收入 s_{20}；当环境监管者报告 $\Delta\mu$ 时，政府除了对其支付保留收入，还需额外支付 $s_2^* = k\tilde{U}_0$；二是在得知环境监管者的真实汇报后电力监管者再对生产情况的监测结果进行汇报，此时政府对电力监管者实施合约 $\{(0|\phi), k[x\varepsilon\underline{U}_2 + (1 - x\varepsilon)\hat{U}_0]|\Delta\theta)\}$。即当电力监管者报告 ϕ 时，$s_1^* = 0$，政府只需对其支付保留收入 s_{10}；当电力监管者报告 $\Delta\theta$ 时，政府除了对其支付保留收入，还需额外支付 $s_1^* = k[x\varepsilon\underline{U}_2 + (1 - x\varepsilon)\hat{U}_0]$；三是政府根据环境监管者和电力监管者的汇报来决定机组的上网电量，对各类发电企业实施产出合约，最优产出安排如模型解所示。

二、模式 2 下防合谋合约

在 "P–S 环–S 电–A" 规制模式下，仿照上面分析，当电力监管者监测到企业是（$\sigma_1 = \Delta\theta$）时，在下面的防合谋约束条件下，委托人可以使其揭露他监测到的有效信息：

$$V_1 \geqslant k\min(\underline{U}_2, \underline{U}_0 - \underline{U}_1, \hat{U}_0) = k\hat{U}_0 \tag{6-17}$$

此时，委托人为激励电力监管者如实汇报信息，所付出的期望成本为 $C_{21} = \lambda x\varepsilon k\hat{U}_0$。之后，当环境监管者监测到企业的真实情况（$\sigma_2 = \Delta\mu$）时，在下面的防合谋约束条件下，委托人可以使其揭露他监测到的有效信息：

$$V_2 \geqslant k[x\varepsilon\underline{U}_1 + (1 - x\varepsilon)\tilde{U}_0] \tag{6-18}$$

此时，委托人为激励环境监管者如实汇报信息，所付出的期望成本为：

$$C_{22} = \lambda x\varepsilon k[x\varepsilon\underline{U}_1 + (1 - x\varepsilon)\tilde{U}_0]$$

由此，所付出的总的期望成本为：

$$C_2 = \lambda x\varepsilon k \times [x\varepsilon(\underline{U}_1 + \hat{U}_0) + (1 - x\varepsilon)(\tilde{U}_0 + \hat{U}_0)]$$

考虑到防合谋期望成本，此时的最优化问题变为在式（6-1）至式（6-14）、防合谋条件式（6-17）以及式（6-18）下，最大化期望社会福利：

$$\max_{\{Q_{OR_2}, \hat{Q}_{OR_2}, \tilde{Q}_{OR_2}, \overline{Q}_{OR_2}, Q_{1R_2}, \hat{Q}_{1R_2}, \tilde{Q}_{2R_2}, \hat{Q}_{2R_2}, Q_{3R_2}\}} SW_2 = SW - \lambda x\varepsilon k \times [x\varepsilon(\underline{U}_1 + \hat{U}_0) +$$

$$(1 - x\varepsilon)(\tilde{U}_0 + \hat{U}_0)]$$

求解得到模式 2 下防合谋的最优规制产出：

$$\overline{Q}_{OR_2} = -\frac{d(\overline{\theta}, \overline{\mu})}{2a} + \frac{\lambda_0}{2a} \times \frac{(\hat{p}_0 + \frac{1}{2}\underline{p}_0) \times \Delta\theta + (\tilde{p}_0 + \frac{1}{2}\underline{p}_0) \times \theta_0\xi \times \Delta\mu}{\overline{p}_0} +$$

$$\frac{\lambda_0}{2a} \times \frac{kx\varepsilon \times [(1 - x\varepsilon)\theta_0\xi \times \Delta\mu + \Delta\theta]}{(1 - x)^2}$$

$$\hat{Q}_{0R_2} = -\frac{d(\underline{\theta}, \ \overline{\mu})}{2a} + \frac{\lambda_0}{2a} \times \frac{p_0}{\hat{p}_0} \times \theta_0\xi \times \Delta\mu \times \frac{1}{2}$$

$$\widetilde{Q}_{0R_2} = -\frac{d(\overline{\theta}, \ \underline{\mu})}{2a} + \frac{\lambda_0}{2a} \times \frac{p_0}{\overline{p}_0} \times \Delta\theta \times \frac{1}{2}$$

$$\hat{Q}_{1R_2} = -\frac{d(\underline{\theta}, \ \overline{\mu})}{2a} + \frac{\lambda_0}{2a} \times \frac{p_1}{\hat{p}_1} \times \theta_0\xi \times \Delta\mu + \frac{\lambda_0}{2a} \times \frac{kx\varepsilon}{1-x} \times \theta_0\xi \times \Delta\mu$$

$$\widetilde{Q}_{2R_2} = -\frac{d(\overline{\theta}, \ \underline{\mu})}{2a} + \frac{\lambda_0}{2a} \times \frac{p_2}{\widetilde{p}_2} \times \Delta\theta$$

$$\underline{Q}_{0R_2} = \underline{Q}_{1R_2} = \underline{Q}_{2R_2} = \underline{Q}_{3R_2} = -\frac{d(\underline{\theta}, \ \underline{\mu})}{2a}$$

因此，模式 2 下防合谋合约为：一是电力监管者先对企业的生产情况进行监测并汇报，此时政府对其实施合约 $\{(0|\phi), (k\hat{U}_0|\Delta\theta)\}$。即当电力监管者报告 ϕ 时，$s_1^* = 0$，政府只需对其支付保留收入 s_{10}；当电力监管者报告 $\Delta\theta$ 时，政府除了对其支付保留收入，还需额外支付 $s_1^* = k\hat{U}_0$；二是在得知电力监管者的真实汇报后环境监管者再对治污情况进行监测和汇报，此时政府对环境监管者实施合约 $\{(0|\phi), (k[x\varepsilon\underline{U}_1 + (1-x\varepsilon)\widetilde{U}_0]|\Delta\mu)\}$。即当环境监管者报告 ϕ 时，$s_2^* = 0$，政府只需对其支付保留收入 s_{20}；当环境监管者报告 $\Delta\mu$ 时，政府除了对其支付保留收入，还需额外支付 $s_2^* = k[x\varepsilon\underline{U}_1 + (1-x\varepsilon)\widetilde{U}_0]$；三是政府根据环境监管者和电力监管者的汇报来决定机组的上网电量，对各类发电企业实施产出合约，最优产出安排如模型解所示。

图 6-1 描述了两种双重规制模式下最优防合谋合约中企业的产出变化，该图是在 $\Delta\theta < \theta_0\xi \times \Delta\mu$（即电力合谋的租金小于环境合谋的租金）条件下绘出的（$\Delta\theta > \theta_0\xi \times \Delta\mu$ 条件下企业产出的变化可仿此进行），由此得命题 1 和命题 2。

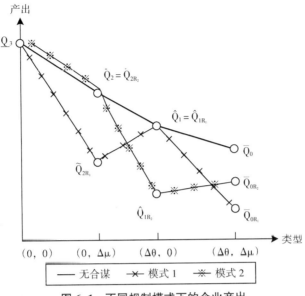

图 6-1　不同规制模式下的企业产出

命题 1　相对于无合谋合约，无论是模式 1 的防合谋合约，还是模式 2 的防合谋合约中，各种类型的企业产出都不会向上扭曲。

解释：无论是哪种模式，只要实施防合谋合约，就要支付一定的防合谋激励报酬，而激励报酬与产出正相关，从而导致政府会控制该类型企业的产出。

命题 2　在 $\Delta\theta < \theta_0\xi \times \Delta\mu$ 的条件下，从模式 1 转变到模式 2 时，$(\underline{\theta}$, $\underline{\mu})$、$(\overline{\theta}, \underline{\mu})$ 型企业的产出都向上扭曲，而 $(\underline{\theta}, \overline{\mu})$ 型企业的产出向下扭曲。

解释：当从模式 1 转变到模式 2 时，电力监管者由信息优势方变为信息劣势方，谈判能力变低，防合谋成本变低，从而 $(\underline{\theta}, \overline{\mu})$ 型企业产出向下扭曲。同样，环境监管者由信息劣势方变为信息优势方，从而 $(\overline{\theta}, \underline{\mu})$ 型企业产出向上扭曲。而条件 $\Delta\theta < \theta_0\xi \times \Delta\mu$ 导致 $(\underline{\theta}, \underline{\mu})$ 型企业产出的向上扭曲量大于向下扭曲量，最终表现为向上扭曲。

上述命题有着更具体的经济含义：当无规制合谋时，政府获得的信息比较完备，愿意以较高的产量来满足社会的需求；随着企业与规制者合谋的形成以及信息的不完备，政府因担心规制合谋带来的社会福利损失，必须使企业的产出向下扭曲（以较低的产量进行生产），寻求生产的社会利益和社会代价达到最适的平衡。而企业产出向下扭曲的程度随着不同规制模式下信息完备程度的不同而不同，信息完备程度越低，政府对企业产出的控制越严格，信息完备程度越高，政府对企业产出的控制就越放松。

第四节　政府的选择

政府的选择，主要是看防合谋时耗费成本的多少以及社会福利能否占优。

$$SW_1 - SW_2 = -\lambda x \varepsilon k \times \left[x\varepsilon(\underline{U}_2 + \tilde{U}_0) + (1 - x\varepsilon)(\hat{U}_0 + \tilde{U}_0) \right] +$$

$$\lambda x \varepsilon k \times \left[x\varepsilon(\underline{U}_1 + \hat{U}_0) + (1 - x\varepsilon)(\tilde{U}_0 + \hat{U}_0) \right]$$

$$= \lambda^2 k \times x^2 \varepsilon^2 \times \frac{2kx^2\varepsilon + x^2(1 - \varepsilon)^2}{2(1 - x)^2} \times \left[(\theta_0 \xi \times \Delta\mu)^2 - (\Delta\theta)^2 \right]$$

明显地，当 $\theta_0 \xi \times \Delta\mu > \Delta\theta$ 时，$SW_2 < SW_1$；当 $\theta_0 \xi \times \Delta\mu < \Delta\theta$ 时，$SW_2 > SW_1$。因此，有如下命题 3 成立。

命题 3 当 $\theta_0 \xi \times \Delta\mu > \Delta\theta$，则选择模式 1 来防合谋是必要且可行的；反之，选择模式 2 来防合谋是必要且可行的。

命题 3 是通过发电企业在发电技术水平和治污积极性方面隐藏水平的相对大小来比较两种模式在防合谋效率上的有效性。之所以有这样的结果，是因为如果监管者与发电企业之间存在合谋行为，那么，当发电企业在发电技术水平方面的隐藏水平小于其在治污积极性方面的隐藏水平时，通过让环境监管者先行动，使其仅获得部分信息，在谈判中处于劣势，从而达到降低整体防合谋成本的目的，这即是规制模式 1；而当发电企业在发电技术水平方面的隐藏水平大于其在治污积极性方面的隐藏水平时，通过让电力监管者先行动，使其仅获得部分信息，在谈判中处于劣势，从而达到降低整体防合谋成本的目的，视为规制模式2。

第五节　结论及政策建议

双重规制包括两个方面，在设计电力市场规则和相应的电价政策时，电力产业的经济性规制机构有必要考虑环境规制机构在环境保护目标和任务方面的职责需要；同时，在制定电力产业相关环境补贴、惩罚等规制政策时，环境规制机构也有必要考虑制定的环保政策对电力企业的技术经济性以及电力行业供电的安全可靠性方面的影响。以前中国对环境不重视，环境规制部门地位相对较低，几乎没有主动权，而在经济性规制部门设计政策时，也没有考虑到环境保护的需要。随着人们对环保重视程度的提高，在经济性规制部门设计政策时开始考虑环保的需要，但此时考虑生产发展的需要，环境仍然没有处于主动地位，这就是目前我国的监管状况，依旧是经济性规制部门掌握主动权。未来，随着社会的发展和环境资源的稀缺，环境部门的地位会逐步提高。

在发电市场实施的节能发电调度就是环境保护职能提高的一个体现。2007年，在能源和电力结构调整的大背景下，为减少环境污染，同时促进电力行业能源使用效率的提高，实现电力工业的可持续发展，国家相关主管部门制定了《节能调度办法》。

事实上，电力行业的双重规制包含的内容很多，在发电市场开始逐步实施节能发电调度只是其中的一个方面。针对该模式下可能的双重规制合谋问题，笔者考察了电力经济性和环境双重规制中发电企业与电力、环境两个监管者合谋防范机制设计的两个问题。第一个问题是在既定的双重规制模式下，如何设计对发电企业的出力分配才能最有效地维护政府（委托人）的利益。理论模型表明：随着企业与规制者合谋的形成以及信息的不完备，政府因担心规制合谋带来的社会福利损失，必须使企业的产出向下扭曲（以较低的产量进行生产），寻求生产的社会利益和社会代价达到最适的平衡。而企业产出向下扭曲的程度随着不同规制模式下信息完备程度的不同而不同，信息完备程度越低，政府对企业产出的控制越严格，信息完备程度越高，政府对企业产出的控制就越放松。第二个问题是不同次序的双重规制模式对规制合谋的影响。即从两种不同的规制次序出发，分别进行两种规制模式下防范规制合谋激励机制的设计，并进一步讨论政府对两种规制模式的选择问题。

模型结论表明：当无规制合谋时，政府获得的信息比较完备，愿意以较高的产量来满足社会的需求；随着企业与规制者合谋的形成以及信息的不完备，政府因担心规制合谋带来的社会福利损失，必须使企业的产出向下扭曲（以较低的产量进行生产），寻求生产的社会利益和社会代价达到最适的平衡。而企业产出向下扭曲的程度随着不同规制模式下信息完备程度的不同而不同，信息完备程度越低，政府对企业产出的控制越严格，信息完备程度越高，政府对企业产出的控制就越放松。除此之外，还有一个非常重要的结论，即发电企业在发电技术水平和治污积极性方面隐藏水平的相对大小将决定两种不同次序的双重规制模式在防合谋效率上的有效性。具体地，从防合谋效率上看，当发电企业在发电技术水平方面的隐藏水平小于其在治污积极性方面的隐藏水平时，应选择环境监管者先行的双重规制模式，使其仅获得部分信息，减少其信息租金，可降低整体的防合谋成本；反之，应选择电力监管者先行的双重规制模式。

本章是在电力双重规制下防范发电企业与电力监管者、环境规制者同时合谋的机制研究中，讨论双重规制次序的问题。之所以会选择双重规制次序为突破口，是因为在中国的电力双重规制中不同发展阶段下经济性和环境两种不同职能的规制在规制地位上是不断变化的：以前中国对环境不重视，环境规制部门地位相对较低，几乎没有主动权，而在经济性规制部门设计政策时，也没有考虑环境保护的需要；随着人们对环保重视程度的提高，在经济性规制部门设计政策时开始考虑环保的需要，但此时由于考虑生产发展的需要，环境仍然没有处于主动地位，这就是目前我国的监管状况，依旧是经济性规制部门掌握主动权；未来，随着社会的发展和环境资源的稀缺，环境部门的地位会逐步提高。在目前的双重规制合谋防范理论研究中，重点讨论的是双重规制模式本身与以前的经济性规制单一模式相比在规制合谋防范上的优势。组织合谋理论中，现有的文献有关于"P–S_1、S_2–A框架下两个监管者同时与代理人合谋"的研究，没有关于"P–S_1、S_2–A框架下规制次序为监管者2先行时监管者2与代理人先合谋、监管者1与代理人后合谋"或者是"P–S_1、S_2–A框架下规制次序为监管者1先行时监管者1与代理人先合谋、监管者2与代理人后合谋"的研究。研究结合中国电力双重规制这一特点，从双重规制的不同规制次序出发，将P–S–A模型扩展为P–S_1–S_2–A模型和P–S_2–S_1–A模型，构建"政府—电力监管者—环境监管者—发电企业"和"政府—环境监管者—电力监管者—发电企业"的规制合谋模型，为分析"P–S_1、S_2–A框架下存在规制次序时的双重规制合谋"的问题奠定基础。

关于双重规制次序建议的思考。笔者认为，不同规制模式的采取应该由电力产业发展的每一阶段环境容量的不同状况来决定，当环境容量开始出现缺口，政府考虑在满足经济发展的基础上减缓电力生产对环境的破坏，会采用"政府—电力监管者—环境监管者—发电企业"的双重规制模式；当环境容量缺口进一步扩大，环境规制变得尤为突出时，政府会采用"政府—环境监管者—电力监管者—发电企业"的双重规制模式。考虑到双重规制模式下电力监管中的合谋行为会受到环境规制效率影响、环境规制中的合谋行为也会受到电力经济性规制效率的影响，我们将分析规制次序的不同对整体电力监管效率的影响，设计不同模式下的防合谋机制并比较它们的防合谋效率。

结合研究结论，由此得到政策建议：随着环保意识的增强以及社会性规制尤其是环境规制的日益重视，在电力行业的双重监管体系下，应该让合谋空间大或者合谋危害大的那个规制者先行动，减弱其信息获取能力，从而有效避免由双重规制合谋带来的社会福利损失。

第七章　输电成本核定下规制合谋防范机制设计

当前电力市场化改革背景下，由输电服务的网络特性所导致的输电环节强自然垄断性，使得输电企业仍将维持垄断经营，这需要对电网企业的成本进行直接规制以控制其合理的成本和收益。然而，由于立法者和规制机构也追求自身利益的最大化，因而某些特殊利益集团（主要是被规制企业）通过"俘获"立法者和规制机构而使其提供有利于自己的规制。如何引入有效的分析工具来设计输电市场中规制合谋的防范机制，是现有研究缺乏的，也是本章要讨论的内容。本章将针对目前经济性规制中深受学界和实务界重视的规制合谋问题——输电定价中的规制合谋，从合谋惩罚的角度来考察输电环节规制合谋的防范机制。

第一节　防范输电成本规制合谋的基本思想

当前电力市场化改革背景下，由输电服务的网络特性所导致的输电环节强自然垄断性，使得对电网企业的成本进行直接规制以控制其合理的成本和收益，输电成本核定下可能会出现被规制企业俘获立法者和规制机构而使其提供有利于他们自己的规制。政府根据输电企业的成本进行输电的定价，成本低的企业与监管者合谋，试图模仿成本高的企业以得到更多的转移支付。监管者在探测企业成本方面的合谋之防范，可借鉴政府采购合谋规制模型。

在发电环节，我们的思路是政府通过对企业产出分配的控制来防范发电企业与监管者在成本信息方面的合谋行为，这是由发电环节电力调度的特点决定的。而在输电环节中，我国的现状是国家电网和南方电网两大电网公司承担着全国的电网运营，其中国家电网负责 26 个省市，南方电网负责广东等五省，这种状况下，很难通过对电网企业最优输电量的安排来防范规制合谋。

结合输电环节的这一特点，既然无法通过输电量的安排来防范规制合谋，那么，现在我们考虑产生交易费用的一种具体因素，即奖惩机制，重点在于考虑防范发电企业与电力监管者合谋下的最优报酬合同设计。如同人们的惯常看法，防范合谋的途径是政府结合监管者的行为对其进行奖惩，这包括两个方面：一方面，当监管者报告有效信息时，对监管者给予充分的激励，以激励监管者汇报真实信息；另一方面，若监管者汇报电网企业的类型是与政府通过其他方式（社会监督或再规制等）重新核实的类型不符，对监管者的合谋行为给予惩罚，用来约束监管者的合谋行为。问题是，惩罚和激励的力度多大是合适的？在什么情况下采取可变惩罚或固定惩罚？笔者试图从防范电网企业与电力监管者合谋的角度，考虑激励与惩罚的联合作用下的最优防合谋机制。

按照 Becker（1968）的观点，惩罚机制至少包括两个要素：一是惩罚的力度，二是违规行为被发现的概率。对于风险中立的行为主体，惩罚有效性表现为这两个因素的乘积，即惩罚有效性=违规被发现的概率×对违规的惩罚力度。其中，发现概率的提高重在侦查技术建设，惩罚力度的提高重在实施力量的建设，两者几乎可以认为是相互独立的。本书主要考虑惩罚和激励的力度设计。现在我们考虑激励与惩罚的联合作用下的最优防合谋机制。

第二节　无合谋合约

一、基本模型

考虑一个 P–S–A 三层等级结构：政府、监管者和电网企业。电网企业的成本函数为 $C(q) = F + \theta q$，其中 q 为输电量；θ 为边际成本；F 为固定成本。电网企业按成本类型的不同可分为高边际成本类型和低边际成本类型，低效率电网企业边际成本为 $\underline{\theta}$，高效率电网企业边际成本为 $\bar{\theta}$。

设企业的盈利为效用函数 $U = t - C(q)$，其中，t 是在该输电量下政府对电网企业的转移支付。政府雇用监管者来监督企业成本类型（即监督 θ 的值），并针对不同的企业类型提供不同的契约。政府为电网企业提供契约配置 $\{(\underline{t}, \underline{q}), (\bar{t}, \bar{q})\}$，其中：$t \in \{\underline{t}, \bar{t}\}$，$q \in \{\underline{q}, \bar{q}\}$ 分别是低成本类型或高成本类型电网企业的转移支付（包含对固定成本 F 的补偿）和输电量。

设监管者的效用为 $R = s - s_0$，其中，s 是政府支付给监管者的报酬，s_0 是保留收入，低于此收入水平，监管者将拒绝工作。规制过程中，θ 是企业的私有信息，假设它服从二元分布 $\{\underline{\theta}, \bar{\theta}\}$，$\Delta\theta = \bar{\theta} - \underline{\theta} > 0$。而监管者只了解其类型的概率分布，假设监管者了解电网企业属于这两种成本类型的概率分别为 v 和 1 - v。若 $\theta = \bar{\theta}$ 则监管者只能获得空信号 $\sigma = \phi$。若 $\theta = \underline{\theta}$ 则监管者以概率 x 获得有效信号 $\sigma = \underline{\theta}$，以概率 1 - x 获得空信号 $\sigma = \phi$。假设信号 σ 由监管者获取到，而政府对之一无所知，除非监管者报告。那么，监管者在获得信号 $\sigma = \underline{\theta}$ 时，如果他被企业收买而合谋，他就

会向政府谎报 $\sigma = \phi$。

政府最大化社会福利 W 包括消费者、生产者和监管者三部分。即 $W = S(q) - (1+\lambda)(t+s) + U + R$，其中，$S(q)$ 是消费者效用函数，$S'(q) > 0$，$S''(q) < 0$，$S(q) = 0$，其经济含义是消费者的效用随着消费电量的增加而增加，但边际效用递减，没有用电时效用为零；λ 为影子成本，表示政府为支付各项转移支付需要筹资，每筹集 1 元钱则需要从消费者那里剥夺 $1+\lambda > 1$ 元。因此，

$$W = S(q) - (1+\lambda)(t+s) + t - C(q) + R = S(q) - \lambda t - \theta q - F - (1+\lambda)s_0 - \lambda R$$

考虑到 s_0 是监管者的保留收入，常数不影响最优化结果，简单起见，假定为 0。从而，上式可简化为 $W = S(q) - \lambda t - \theta q - F - \lambda R$。

二、无合谋合约

当政府雇用绝对忠诚的监管者时，他会如实向政府汇报，此时监管者与政府之间的信息是完全对称的，企业和监管者得到保留效用，将其规范化为 0。政府可依据监管者的报告来确定对电网企业的输电量和转移支付。具体地：当监管者报告 $\sigma = \underline{\theta}$，则政府可确切知道企业的类型，最优的转移支付水平就是使企业刚好达到保留效用，有 $\underline{t}^* = \underline{F} + \underline{\theta}\underline{q}^*$；而当监管者报告，政府虽得不到任何信息，但是却会根据信号对企业成本类型信念进行修正：$\Pr(\theta = \underline{\theta} | \sigma = \phi) = \dfrac{(1-x)v}{1-xv}$，$\Pr(\theta = \bar{\theta} | \sigma = \phi) = \dfrac{1-v}{1-xv}$。从而，政府对输电规制的目标，就是要最大化预期盈利：

$$W^{\phi} = \frac{(1-x)v}{1-xv}[S(\underline{q}) - \lambda\underline{t} - \underline{\theta}\underline{q} - \underline{F}] + \frac{1-v}{1-xv}[S(\bar{q}) - \lambda\bar{t} - \bar{\theta}\bar{q} - \bar{F}]$$

为了激励电网企业汇报其真实成本，需要满足如下激励相容约束和参与约束：

$$\underline{t} - \underline{\theta}\underline{q} \geq \bar{t} - \underline{\theta}\bar{q} \tag{7-1}$$

$$\bar{t} - \bar{\theta}\bar{q} \geq \underline{t} - \bar{\theta}\underline{q} \tag{7-2}$$

$$\underline{t} - \underline{\theta}\underline{q} - \underline{F} \geq 0 \tag{7-3}$$

$$\bar{t} - \bar{\theta}\bar{q} - \bar{F} \geq 0 \tag{7-4}$$

$$S(\underline{q}) - (1 + \lambda)\underline{t} \geq 0 \tag{7-5}$$

$$S(\bar{q}) - (1 + \lambda)\bar{t} \geq 0 \tag{7-6}$$

其中，式（7-1）、式（7-2）分别为电网企业属于高效率或低效率类型时的激励相容约束，即报告自己真实类型时获得的利润大于报告其他类型时的利润；式（7-3）、式（7-4）为高效率和低效率电网企业的参与约束；式（7-5）、式（7-6）为监管者的参与约束。它们分别表示电网企业不亏损且消费者愿意购买电力、监管者愿意从事规制活动，即电网企业和消费者、监管者三方都愿意接受这个契约。

政府对输电规制的行为将在式（7-1）至式（7-6）的约束下实现最大化 W^{Φ}。这是标准的逆向选择模型，注意到式（7-2）、式（7-3）是紧条件，令 q_1^* 为绝对忠诚监管者情况下政府的最优解，有：

$$S'(\underline{q}_1^*) = (1 + \lambda)\underline{\theta}$$

$$S'(\bar{q}_1^*) = (1 + \lambda)\bar{\theta} + \frac{(1 - x)v}{1 - v} \times \lambda \Delta\theta$$

从而，政府对企业的最优转移支付为：$\bar{t}_1^* = \bar{F} + \bar{\theta}\bar{q}_1^*$，$\underline{t}_1^* = \underline{F} + \underline{\theta}\underline{q}_1^* + \Delta\theta\bar{q}_1^*$。显然，高效率类型的厂商通过模仿低效率类型厂商可获得效用水平（即信息租金）$\Delta\theta\bar{q}_1^*$。

第三节 "I+FP"机制和"I+VP"机制下的 防合谋合约

现实中，监管者并不绝对是忠诚的，他们常有可能被企业收买，而这种收买只有在监管者获得信号 $\sigma = \theta$ 时才可能发生，因为 $\sigma = \phi$ 时企业是没有动机去收买监管者的。政府为了防止监管者被收买，一方面，可以建立起对监管者的激励机制 （k，T），以激励监管者汇报真实信息。当监管者报告 $\underline{\theta}$ 时对其奖励 kT_{max}，k 为监管者汇报有效信号的奖励力度，T_{max} 是用于收买监管者的最大贿金，它等于 $\Delta\theta\bar{q}^*$，即收买监管者成功时企业可获得的最大信息租金。另一方面，建立起对监管者的惩罚机制（γ，ζ），用来约束监管者的合谋行为。若监管者汇报电网企业的类型是 $\bar{\theta}$，而一旦政府通过其他方式（社会监督或再规制等）重新核实的类型为 $\underline{\theta}$，就对监管者合谋行为实施 $\gamma\zeta$ 的惩罚，γ 是对监管者合谋的惩罚力度，ζ 是合谋被发现的概率。当然，建立惩罚机制需要付出的成本为 $C = C(\gamma, \zeta)$，满足 $C_\zeta > 0$，$C_{\zeta\zeta} > 0$，这表示惩罚机制的成本随发现合谋的概率提高而边际递增。

惩罚机制的设计有很多种，我们以固定惩罚和可变惩罚这两种惩罚策略为例进行分析，讨论在激励机制下加入这两种不同的惩罚策略对合谋的影响，以及防合谋的效率问题。下面考虑惩罚可分为两类：固定力度的惩罚和可变力度的惩罚。固定力度的惩罚下，$\gamma = \gamma_0$；可变力度的惩罚下，假设 $\gamma = \beta T_{max} = \beta\Delta\theta\bar{q}^*$，$\beta$ 为可变惩罚系数，表示惩罚的力度随着高效率电网企业的租金的变化而变化。因此，本书将分别考虑 "I+FP" 机制和 "I+VP" 机制下的最优防合谋合约。

一、"I+FP"机制下的防合谋合约

在"I+FP"机制下，如果政府给予监管者的报酬满足如下条件，就可以防止监管者被收买：

$$s \geq \max\{k\Delta\theta\overline{q}^* - \gamma_0\xi, \ 0\} \tag{7-7}$$

此时，委托人为激励监管者如实汇报信息，所付出的期望社会成本为：$\lambda xv \times (k\Delta\theta\overline{q}^* - \gamma_0\xi)$。政府将在式（7-1）至式（7-6）以及式（7-7）的约束下最大化预期盈利：

$$W^{op1} = xv[S(\underline{q}) - \lambda\underline{t} - \theta\underline{q} - \underline{F}] + (1-xv)\Big\{\frac{(1-x)v}{1-xv}[S(\underline{q}) - \lambda\underline{t} - \theta q - \underline{F}] +$$

$$\frac{1-v}{1-xv}[S(q) - \lambda t - \theta\overline{q} - \overline{F}]\Big\} - \lambda xv(k\Delta\theta\overline{q}^* - \gamma_0\xi) - (1+\lambda)C(\gamma, \ \xi)$$

其中，第一项是监管者获得信号 $\sigma = \underline{\theta}$ 并如实汇报的情况，第二项是监管者获得信号 $\sigma = \phi$ 并如实汇报的情况，第三项是监管者的防合谋报酬预期成本，第四项是政府建立惩罚机制的成本。后面的两项表示了防合谋时社会福利的下降。

令 q_2^* 为"I+FP"机制下最优防合谋合约下企业的产出，有：

$$S'(\underline{q}_2^*) = (1+\lambda)\underline{\theta}$$

$$S'(\overline{q}_2^*) = (1+\lambda)\overline{\theta} + \frac{1-(1-k)x}{1-v} \times v\lambda\Delta\theta$$

由此，防合谋的"I+FP"机制为：政府对监管者实施合约 $\{(0\,|\,\phi), (k\Delta\theta\overline{q}^* - \gamma_0\xi\,|\,\underline{\theta})\}$，即报告 ϕ 则支付 $s^* = 0$，报告 $\underline{\theta}$ 则支付 $s^* = k\Delta\theta\overline{q}^* - \gamma_0\xi$；政府对企业的最优转移支付合约为：$\overline{t}_2^* = \overline{F} + \overline{\theta}\overline{q}_2^*$，$\underline{t}_2^* = \underline{F} + \underline{\theta}\underline{q}_2^* + \Delta\theta\overline{q}_2^*$；且政府对高、低效率类型电网企业最优输电量的安排应该满足上述优化条件。

二、"I+VP"机制下的防合谋合约

在"I+VP"机制下，如果政府给予监管者的报酬满足如下条件，就可以防止监管者被收买：

$$s \geq \max\{k\Delta\theta\bar{q}^* - \beta\xi\Delta\theta\bar{q}^*, \; 0\} \qquad (7-8)$$

此时，委托人为激励监管者如实汇报信息，所付出的期望社会成本为：$\lambda xv \times (k\Delta\theta\bar{q}^* - \beta\xi\Delta\theta\bar{q}^*)$。政府将在式（7-1）至式（7-6）以及式（7-8）的约束下最大化预期盈利：

$$W^{\Psi^2} = xv[S(\underline{q}) - \lambda\underline{t} - \theta\underline{q} - \underline{F}] + (1-xv)\left\{\frac{(1-x)v}{1-xv}[S(\underline{q}) - \lambda\underline{t} - \theta\underline{q} - \underline{F}] + \right.$$

$$\left. \frac{1-v}{1-xv}[S(\bar{q}) - \lambda\bar{t} - \theta\bar{q} - \bar{F}]\right\} - \lambda xv(k\Delta\theta\bar{q}^* - \beta\xi\Delta\theta\bar{q}^*) -$$

$$(1+\lambda)C(\gamma, \xi)$$

令 q_3^* 为"I+VP"机制下最优防合谋合约下企业的产出，有：

$$S'(\underline{q}_3^*) = (1+\lambda)\underline{\theta}$$

$$S'(\bar{q}_3^*) = (1+\lambda)\bar{\theta} + \frac{1-(1-k+\beta\xi)x}{1-v} \times v\lambda\Delta\theta$$

由此，防合谋的"I+VP"机制为：政府对监管者实施合约 $\{(0|\phi),$ $(k\Delta\theta\bar{q}^* - \beta\xi\Delta\theta\bar{q}^*|\underline{\theta})\}$，即报告 ϕ 则支付 $s^* = 0$，报告 $\underline{\theta}$ 则支付 $s^* = k\Delta\theta\bar{q}^* - \beta\xi\Delta\theta\bar{q}^*$；政府对企业的最优转移支付合约为：$\bar{t}_3^* = \bar{F} + \bar{\theta}\bar{q}_3^*$，$\underline{t}_3^* = \underline{F} + \underline{\theta}\underline{q}_3^* + \Delta\theta\bar{q}_3^*$；且政府对高、低效率类型电网企业最优输电量的安排应该满足上述优化条件。

第四节　政府对两种奖惩机制的选择

结论 1：与无合谋合约相比，无论防合谋的"I+FP"合约，还是防合谋的"I+VP"合约，高效率类型企业的输电量都不发生扭曲，而低效率类型企业的输电量向下扭曲；与防合谋的"I+FP"合约相比，在防合谋的"I+VP"合约中，高效率类型企业的输电量相同，低效率类型企业的输电量变大。

由 $S'(\underline{q}_1^*) - S'(\underline{q}_2^*)$，$S'(\overline{q}_2^*) > S'(\overline{q}_1^*)$，可得 $\underline{q}_1^* = \underline{q}_2^*$，$\overline{q}_2^* < \overline{q}_1^*$；同样有 $\underline{q}_1^* = \underline{q}_3^*$，$\overline{q}_3^* < \overline{q}_1^*$。这是因为政府为防合谋而支付了一定的防合谋报酬，且该报酬与低效率企业的输电量 $\overline{q}^*$ 正相关，从而导致政府控制 $\overline{q}^*$。由 $S'(\underline{q}_2^*) = S'(\underline{q}_3^*)$，$S'(\overline{q}_2^*) > S'(\overline{q}_3^*)$，可得 $\underline{q}_2^* = \underline{q}_3^*$，$\overline{q}_2^* < \overline{q}_3^*$。这是因为在两种防合谋合约下，防合谋报酬都与 $\overline{q}$ 正相关，但是在防合谋的"I+VP"合约中，由于可变惩罚力度 $\gamma = \beta\Delta\theta\overline{q}^*$，使得防合谋报酬与 $\overline{q}$ 的相关性变弱，从而导致政府放宽对低效率企业输电量的控制程度。

结论 2：当 $\dfrac{\gamma_0\xi}{k} < \Delta\theta\overline{q}^* < \dfrac{\gamma_0}{\beta}$ 时，则建立防合谋的"I+FP"机制是必要且可行的；当 $\Delta\theta\overline{q}^* > \max\left\{\dfrac{\gamma_0}{\beta}, \dfrac{\Delta\theta\overline{q}^*\beta\xi}{k}\right\}$ 时，则建立防合谋的"I+VP"机制是必要且可行的。

证明：由 $W^{\varphi2} - W^{\varphi1} = \lambda xv\beta\zeta\Delta\theta\overline{q}^* - \lambda xv\gamma_0\zeta$ 可知，当 $\beta\Delta\theta\overline{q}^* > \gamma_0$ 时有 $W^{\varphi2} > W^{\varphi1}$，说明建立防合谋的"I+FP"机制是可行的；由式（7-8）可知，若 $k\Delta\theta\overline{q}^* < \Delta\theta\overline{q}^*\beta\zeta$，则 $s = 0$ 就可以防范合谋，否则 $k\Delta\theta\overline{q}^* > \Delta\theta\overline{q}^*\beta\zeta$，这是建立防合谋的"I+FP"机制的必要条件。同样，可推出建立防合谋"I+VP"机制的必要且可行条件。

结论 2 利用信息租金来比较防合谋机制的有效性，但是，信息租金是很难度量尤其是很难观测的。但信息租金中的一项，即高、低效率电网企业效率差相对来说较容易观察。由此，得出如下推论：

推论：当高、低效率电网企业效率差 $\Delta\theta$ 满足 $\Delta\theta < \dfrac{\gamma_0\xi}{k\bar{q}^*}$ 时，此时单纯的惩罚机制就足以防范合谋；满足 $\Delta\theta > \max\left\{\dfrac{\gamma_0}{\beta\bar{q}^*}, \dfrac{\Delta\theta\bar{q}^*\beta\xi}{k\bar{q}^*}\right\}$ 时，宜采用防合谋的 "I+VP" 机制；满足 $\dfrac{\gamma_0\xi}{k\bar{q}^*} < \Delta\theta < \dfrac{\gamma_0}{\beta\bar{q}^*}$ 时，宜采用防合谋的 "I+FP" 机制。

进一步考察结论 1 和结论 2，不难发现，信息租金的增加和防合谋效率的提高是可以共存的。具体地，由结论 1 可知，与防合谋的 "I+FP" 合约相比，在防合谋的 "I+VP" 合约中，政府放宽对低效率企业输电量的控制程度，从而高效率（θ 型）企业模仿低效率企业得到的信息租金 $\Delta\theta\bar{q}^*$ 增加，企业的合谋动机增大。而结论 2 告诉我们，在一定条件下，防合谋的 "I+VP" 机制优于防合谋的 "I+FP" 机制。之所以会出现这样的情况，是因为在 "I+VP" 机制下，虽然 $\bar{q}^*$ 的增加会带来企业租金的增大（结论 1），但该机制建立的前提是信息租金足够大（结论 2），从而相对于足够大的信息租金来说，由 $\bar{q}^*$ 增加带来企业租金的增加是微乎其微的。因此，"I+VP" 机制下企业的租金虽然增多，但这种机制仍然是防合谋有效的，两者并不矛盾。

第五节　结论与政策建议

我们针对电力产业中输电市场中的规制合谋问题，基于组织合谋理论的 P-S-A 分析框架，构建"政府、监管者和电网企业"三层次代理模型，考虑在激励机制中加入固定惩罚或者可变惩罚两种策略，分别给出最佳的防合谋契约，完成防范规制合谋的"I+FP"机制和"I+VP"机制的设计工作。在此基础上，给出单纯惩罚机制、"I+FP"和"I+VP"机制的必要且可行条件，并比较"I+FP"和"I+VP"两种机制下政府对不同类型企业输电量的安排，得出在"I+VP"机制下，政府会放宽对低效率企业输电量的控制。结合中国经济高速增长也需要一些低效率电力厂商提供其能够承载电力产量这一现实，在满足一定条件时采用"I+VP"机制，这对于供不应求的电力市场而言是非常有意义的。

我国的现状是国家电网和南方电网两大电网公司承担着全国的电网运营，很难通过对电网企业最优输电量的安排来防范规制合谋。根据输电环节具有垄断性的这一特点，本节选择政府对规制者的奖惩机制作为防合谋的突破点，考察防范发电企业与电力监管者合谋下的最优报酬合同设计。

模型研究了输电企业与电力监管者存在合谋威胁的情况下，如何来设计对电力监管者的奖惩合约才能最有效地维护政府（委托人）的利益。具体地，从防范电网企业与电力监管者合谋的角度，考察了对电力监管者激励与惩罚联合作用的两种策略——"激励+固定惩罚"和"激励+可变惩罚"下的最优防合谋机制。模型结论表明：从防合谋的效率上看，当高、低效率电网企业效率差或合谋危害相差不大时，单纯的惩罚机制就足以防范合谋；当高、低效率电网企业效率差或合谋危害相差较大时，宜采用"激励+可变惩罚"机制；当高、低效率电网企业效率差或合谋危害在一定的区间范围内时，宜采用"激励+固定惩罚"机制，从而付出更少的防合谋成本，带来更多的社会福利。除此之外，该模型还得到了一个比较有意思的结论，信息租金的增加和防合谋效率的提高是可以共存的，而并非想象中的信息租金增加必然会带来防合谋效率的降低。之所以会出现这样的情况，是因为在特定情况下，如果该机制初始的信息租金足够大，那么，相对于足够大的信息租金来说，企业租金增加的作用是微乎其微的。因此，该机制下企业的租金虽然增多，但这种机制仍然是防合谋有效的，两者并不矛盾。

本章是在输电环节发电企业与电力监管者合谋防范机制的研究中讨论的电力监管者的报酬合约设计，因此，这里笔者给出的政策建议主要还是要放在输电环节来考虑。笔者考察了政府对电力监管者的"奖励+可变惩罚"和"奖励+固定惩罚"两种策略，认为当合谋危害很大时，应该采用"奖励+可变惩罚"的机制，这将会比"奖励+固定惩罚"的机制付出更少的防合谋成本，带来更多的社会福利。

这是关于奖惩机制的一般性的建议，可以被广泛地应用到很多领域。本章结合输电自身特征构建的防合谋机制，还有着特定的经济和政策含义：当合谋危害很大时，"奖励+可变惩罚"的机制在提高社会福利的同时，整个输电市场的输电量尤其是低效率电力企业的输电量也会比"奖励+固定惩罚"的机制下的输电量要多，这对于供不应求的电力市场下规制合谋行为的防范是非常有意义的，因为中国经济的高速增长也需要低效率电力企业提供更大更多的承载电量。

第八章 研究结论与展望

电力产业规制涉及众多的利益主体。电力产业规制的过程也是典型的多参与利益博弈的过程。在这一过程中，存在大量显在的合谋行为或者潜在的合谋威胁。而电力产业规制的制度安排如何对这些策略性的合谋行为或威胁做出反应，是值得研究的课题。我们研究的努力方向也在于此。

不可否认，这是一个困难而充满挑战性的课题。电力产业规制中合谋或潜在的合谋威胁非常多，比如电力监管者与电力企业之间的合谋、环境监管者与电力企业之间的合谋，以及电力企业之间的合谋威胁等；在国内，还有诸多中国特色的合谋，比如地方政府官员与发电企业合谋，默许、鼓励和保护当地企业对中央环境政策采取"擦边球"，达到尽可能减少或避免自身地方利益的损失……面对如此丰富的可研究议题，笔者把一些未竟领域和需要更深入的议题列入了未来的研究议程。

第一节 研究结论

笔者分别就发电企业在电力产业单一经济规制中发电企业与电力监管者合谋、电力产业单一环境规制中发电企业与环境监管者合谋、电力产业经济性和环境双重规制中发电企业与两个监管者同时合谋，以及输电企业与电力监管者合谋这两个大方面的四个规制合谋问题建立了相关的理论模型，并得到了具有理论和政策价值的结论。

首先，在第四章，研究了发电企业与电力监管者存在合谋威胁的情况下，应该如何设计对发电企业的出力分配才能最有效地维护政府（委托人）的利益。理论模型表明：第一，政府对发电企业出力分配的调整对合谋动机有一定的限制作用，其中将高成本企业的出力分配降到特定的值便可以防止合谋。第二，在不同的发电调度模式下，政府对发电企业出力分配的调整对合谋动机的限制作用是有差别的。从整体的防合谋效率上看，多指标的发电调度模式要优于单指标的发电调度模式，并且这种占优的程度会随整个行业治污水平相差程度的变化而不同。具体地，当所有发电企业在环境保护方面的水平相差不大时，这种防合谋的效率优势不太明显；当发电企业在环境保护方面水平的差别非常大时，比如说有一半的发电企业处理了所有的污染，而另一半的发电企业在处理污染方面没有任何的行动和效果，这时如果采取多指标发电调度，那么它在防合谋效率上的优势就大大超出单指标的发电调度。

其次，在第五章，研究了发电企业与环境监管者存在合谋威胁的情况下，应该如何设计对发电企业的政府财政转移支付合约才能最有效地维护政府（委托人）的利益。模型从防范发电企业与环境监管者合谋的角度出发，考察了对发电企业"固定定价"和"分阶段定价"两种策略下达成合谋的均衡条件、合谋生成所需的贿金以及防合谋成本。模型结论表明：相对于长期固定的脱硝电价来说，制定分阶段脱硝电价并不一定会减少合谋的损失。事实上，在进行分阶段定价时，根据环境治污水平的提高，制定与当期的环境治污水平相当、相对较低或者相对较高的脱硝电价机制，它们在防合谋的效果上会有很大差别。具体地，在分阶段定价时，当每一阶段脱硝补贴的减少速度与脱硝成本的减少速度相同时，相对于固定脱硝电价来说，分阶段脱硝电价与在防范规制合谋的效率上并没有任何改进；当每一阶段脱硝补贴的减少速度比脱硝成本的减少速度快时，采用固定脱硝电价，而不是分阶段脱硝电价，可以带来较少的社会福利损失；当每一阶段脱硝补贴的减少速度没有脱硝成本的减少速度快时，采用分阶段脱硝电价，可以带来较少的社会福利损失。

再次，在第六章，考察了电力经济性和环境双重规制中发电企业与电力、环境两个监管者合谋防范机制设计的两个问题。第一个问题是在既定的双重规制模式下，如何设计对发电企业的出力分配才能最有效地维护政府（委托人）的利益。理论模型表明：随着企业与规制者合谋的形成以及信息的不完备，政府因担心规制合谋带来的社会福利损失，必须使企业的产出向下扭曲（以较低的产量进行生产），以寻求生产的社会利益和社会代价达到最适的平衡。而企业产出向下扭曲的程度随着不同规制模式下信息完备程度的不同而不同，信息完备程度越低，政府对企业产出的控制越严格，信息完备程度越高，政府对企业产出的控制就越放松。第二个问题是不同次序的双重规制模式对规制合谋的影响。理论模型表明：发电企业在发电技术水平和治污积极性方面隐藏水平的相对大小将决定两种不同次序的双重规制模式在防合谋效率上的有效性。具体地，从防合谋效率上看，当发电企业在发电技术水平方面的隐藏水平小于其在治污积极性方面的隐藏水平时，应选择环境监管者先行的双重规制模式，使其仅获得部分信息，减少信息租金，降低整体的防合谋成本；反之，应选择电力监管者先行的双重规制模式。

最后，在第七章，研究了输电企业与电力监管者存在合谋威胁的情况下，应该如何设计对电力监管者的奖惩合约才能最有效地维护政府（委托人）的利益。笔者考察了对电力监管者的"激励+固定惩罚"和"激励+可变惩罚"两种策略，理论模型表明：从防合谋的效率上看，当高、低效率电网企业效率差或合谋危害相差不大时，单纯的惩罚机制就足以防范合谋；当高、低效率电网企业效率差或合谋危害相差较大时，宜采用"激励+可变惩罚"机制；当高、低效率电网企业效率差或合谋危害在一定的区间范围内时，宜采用"激励+固定惩罚"机制。除此之外，该模型还得到了一个比较有意思的结论，即信息租金的增加和防合谋效率的提高是可以共存的，并非想象中的信息租金增加必然会带来防合谋效率的降低。之所以会出现这样的情况，是因为在特定情况下，如果该机制初始的信息租金足够大，那么，相对于足够大的信息租金来说，企业租金增加的作用是微乎其微的。因此，该机制下企业的租金虽然增多，但这种机制仍然是防合谋有效的，两者并不矛盾。

结合上述理论研究结论，笔者提出如下政策建议：

第一，是关于发电调度模式的建议。传统的调度方式和节能发电调度方式作为我国现行和未来的两种重要的发电调度模式，无论是哪一种调度模式，因为其都涉及了影响发电企业利益的出力分配，所以在防范发电企业与电力监管者成本规制合谋中都将发挥作用。而两种发电调度模式的差别则决定了它们在防范发电企业与电力监管者成本规制合谋中发挥作用的大小是不同的。根据笔者的理论，因为投资回报率规制容易导致发电企业成本规制合谋，对于政府而言，防范合谋的一个有效的办法是诱使发电企业背离利益集团，而当出力分配的决定因素由单指标变为双指标，即从传统的发电调度方式过渡到节能发电调度模式时，由于出力分配的决定因素中额外加入治污因素，将发电企业区别对待，从而污染物排放水平高的企业就比污染物排放水平低的企业获得更少的出力分配，在一定条件下，为了不因为治污效果差而失去市场配额的分配，治污效果差的低成本类型企业会主动说明自身技术水平的进步情况，而不再合谋隐藏技术进步，从整体上减少发电企业成本规制合谋的机会。

所以，笔者的政策建议是：随着环保意识的增强以及社会性规制尤其是环境规制的日益重视，我国政府改革现行发电调度方式，同时开展"竞耗+竞价"的节能发电调度，这一调度方式在减少能源消耗和污染物排放的同时，还可以有效防止发电成本监督中的规制合谋，值得大力推广。

第二，是关于脱硫或脱硝电价补贴的建议。在现行的脱硫电价补贴和未来的脱硝电价补贴中，如何防范监测数据汇报时出现的规制合谋，这同样是一个亟待解决的问题。国内有关防范环境规制合谋的研究基本上遵循传统的思路：提升发现规制合谋的概率，加大对监管者的激励。这些一般性的结论对于防范环境规制合谋并没有产生较大的影响。本书选择政府对发电企业的财政转移支付额度作为防合谋的突破点，考察"固定定价"和"分阶段定价"两种策略下达成合谋的均衡条件、合谋生成所需的贿金以及防合谋成本，认为在进行分阶段定价时，根据环境治污水平的提高，制定与当期的环境治污水平相当、相对较低或者相对较高的脱硝电价机制，它们在防合谋的效果上是会有很大差别的。

由此，提出政策建议：随着整个电力行业中发电企业治污水平的提高，如果要按照行业不同的发展阶段制定不同的脱硝电价标准，即制定"分阶段定价"，可以考虑使每一阶段脱硝补贴的减少速度慢于脱硝成本的减少速度，这将付出更少的防合谋成本，有助于避免由规制合谋带来过多的社会福利损失。

第三，是关于双重规制次序的建议。本书是在电力双重规制下防范发电企业与电力监管者、环境规制者同时合谋的机制研究中，讨论双重规制次序的问题。笔者认为，不同规制模式的采取应该由电力产业发展每一阶段环境容量的不同状况来决定，当环境容量开始出现缺口，政府考虑在满足经济发展的基础上减缓电力生产对环境的破坏时，会采用"政府—电力监管者—环境监管者—发电企业"的双重规制模式；当环境容量缺口进一步扩大，环境规制变得尤为突出时，政府会采用"政府—环境监管者—电力监管者—发电企业"的双重规制模式。考虑到双重规制模式下电力监管中的合谋行为会受到环境规制效率的影响、环境规制中的合谋行为也会受到电力监管效率影响的特点，本书分析了不同的规制次序对监管效率的影响，设计出不同模式下的防合谋机制并比较了它们的防合谋效率。结合研究结论，提出政策建议：随着环保意识的增强以及社会性规制尤其是对环境规制的日益重视，在电力行业的双重监管体系下，应该让合谋空间大或者合谋危害大的那个规制者先行动，减弱其信息获取能力，从而有效避免由双重规制合谋带来的社会福利损失。

第四，是关于电力监管者报酬合约的建议。本书在输电环节发电企业与电力监管者合谋防范机制的研究中，讨论的电力监管者的报酬合约设计，笔者给出的政策建议主要还是放在输电环节来考虑的。笔者考察了政府对电力监管者的"奖励+可变惩罚"和"奖励+固定惩罚"两种策略，认为当合谋危害很大时，应该采用"奖励+可变惩罚"的机制，这将会比

"奖励+固定惩罚"的机制付出更少的防合谋成本，带来更多的社会福利。

这是关于奖惩机制的一般性建议，虽然可以被广泛地应用到很多领域，但是本书结合输电自身特征构建的防合谋机制，还有着特定的经济和政策含义：当合谋危害很大时，"奖励+可变惩罚"的机制在提高社会福利的同时，整个输电市场的输电量尤其是低效率电力企业的输电量也会比"奖励+固定惩罚"的机制下的输电量要多，这对于供不应求的电力市场下规制合谋行为的防范是非常有意义的，因为中国经济高速增长也需要低效率电力企业提供更大更多的承载电量。

第二节　有待继续研究的领域

电力产业规制是一项系统工程，完整地研究电力产业规制中的合谋防范机制涉及的行为主体和内容将是庞杂而丰富的。本书也仅涉及其中一部分。在已有研究的基础上，也有不少需要进一步明确的且与已有研究密切相关的研究问题，以下是对几个重要议题的简要讨论。

第一，是发电市场拍卖中的规制合谋。我们讨论了电力市场还没有完全形成竞争市场时发电环节的规制合谋问题，这种规制合谋行为主要表现为单个低成本的发电商与监管者合谋隐藏成本信息。而当电力市场完全形成时，在市场模式下，规制合谋行为将不再表现为单个低成本的发电商与监管者合谋隐藏成本信息。这是因为如果单个低成本的发电商与监管者合谋隐藏成本信息，它的报价较高，此时与其他发电商相比，在争取市场份额的时候就没有了优势，得不偿失。这一点无论是电力市场中的统一出清价机制还是按报价支付的原则，还是高低匹配的电价机制，其结论都是一样的。如果单个高成本的发电商与监管者合谋隐藏成本信息，它的报价较低，处于亏损状态，即便得到市场份额，也不会得到任何利益。

在市场模式下，更多考虑的是发电商之间的默契合谋。因为如果低成本的发电商在想得到市场份额的同时又想报高价，那么就只有联合其他的发电商都报高价，这样就出现了发电商之间的默契合谋。

当然，在市场模式下，也存在发电商与监管者之间的合谋，这种合谋体现在拍卖规则的确定上，尤其是在多维利益时权重的确定，拍卖设计者可能会偏向一特定买方或与其合谋。这一问题已经引起了学者们的广泛关注。

拍卖设计者和特定的投标人之间存在合谋的威胁的重要性取决于拍卖的标的。如果拍卖的物品比较简单，如拍卖行中的情形，那么委托人（卖方）可以实现这样一个目标，即拍卖人基本没有自由裁量权，物品必须以最优的条件拍卖出去，因而可以由委托人充分控制。

但是，竞标中的利益可能是多维度的（尽管在出售商品时，出售者通常只对价格感兴趣）。一般来说，委托人关心与夺标企业交易的其他特征，包括服务的质量和可靠性、交货期、供应商破产的概率、该企业生产造成的污染水平，等等。这提出了两个相关的问题：首先，合约设计者必须对竞标的可以观察到的特点赋予相应的权重，权重的最优选择在很大程度上取决于合约设计者拥有的信息；其次，其中的某些特征委托人是观察不到的，因此必须由合约设计者加以评估。此时，合约设计者持有的关于委托人最优货源选择的信息可能会导致合约设计者和某个竞标者之间的合谋，因为通过适当地选择权重或者谎报项目的质量，拍卖设计者可以偏向某一家企业。

《政府采购和激励》一书中已经构建了模型的雏形："代理人"为了"委托人"［如政府或者欧共体（Eurapean Community）的一个委员会］的采购合约展开竞争。合约规定了对夺标代理人的货币转移支付和它应该达到的成本目标。某机构即"监管者"关于每个潜在的供应者带来的社会剩余——从此之后称"质量"——拥有比委托人多的信息。人们可以把"质量"理解成供应者产品的质量、它破产的概率或者在出现不可预见的事态时保持公正的可能性。我们首先假定监管者是善意的（如果他有信息，他会如实地向委托人透露）并且企业的技术是共同知识。然后，委托人比较代理人之间的质量差别或者成本差别。参数、成本差别或者质量差别在委托人选择企业的过程中有可能是"决定性的"（如果每一家企业都在一个维度上有优势而在另一个维度上有劣势，或者如果两种标准是一致的，那么在代理人之间的选择是没有多大意义的）。

针对电力监管来说，双重规制下，如何确定电力生产成本和环境成本在调度时占的比重，即调度规则的确定对发电企业的出力分配也是至关重要的，这里容易生成发电企业与拍卖设计者的规制合谋。将上述模型成功应用到电力监管领域，构建双重规制模式下的规制合谋模型，设计相应的规制合谋防范机制，这对于电力市场化改革是大有益处的。

第二，是第四方监督与规制合谋。我们目前的研究，主要运用的分析框架是典型的"P-S-A"三层次委托—代理模型。虽然，通过激励报酬可使监管者与代理人不合谋，但是倘若委托人没有能力发现监管者与代理人的合谋，那么最终将导致委托人无法避免租金的损失。要么委托人将不雇用监管者，要么委托人只好让监管者成为完全的剩余索取者，但这都是不现实的。不雇用监管者，那么代理人就可以为所欲为；让监管者成为完全剩余索取者，大多数监管者可能没有这个支付能力而且也不愿去冒风险（因为他不能确保发现代理人的租金）。那么，还有其他可行的制度安排吗？

可选的制度安排是委托人也可以再雇用一个监管者来监督前一个监管者。但这里的问题是，谁又来监督后一个监管者呢？这样的监督方式可能会令我们得到一连串的监管者，但对现实来说这样的安排肯定不是可行的，因为你始终会缺乏一个最终监管者。

为了避免这样一个连锁监督的困境，有必要引入一个不易被收买的监督力量。1975年，美国联邦最高法院法官斯特瓦特提出著名的"第四权力理论"，他认为来自公众尤其是来自新闻媒体和学者的监督力量不容易被收买，可以作为公正的第四方监督力量，避免理论上出现的连锁监督困境。

对于我国电力行业的监管来说，完善电力产业规制也需要注重发挥媒体和学者的作用。规制机构及其监管程序、监管决策的公开透明，接受公众的监督同样是解决对监管者实施监管的有效方式之一。为此，规制机构有责任将国家有关的法律、法规、政策、监管程序、监管决策等公布于众，广为宣传。并在监管中贯彻公众参与原则，例如，举行听证会；建立咨询委员会，邀请被监管企业、用户代表、专家学者参与、协商。另外制定有关电力行政复议和行政争议处理办法。总之，通过各种制度的完善和加强来增加规制透明度、减少信息的不对称。

参考文献

白让让、王小芳：《规制权利配置、下游垄断与中国电力产业的接入歧视——理论分析与初步的实证检验》，《经济学季刊》2009年第2期。

白让让：《制度均衡与独立规制机构的变革——以"信息产业部"和"电监会"为例》，《中国工业经济》2014年第10期。

陈霞、段兴民：《防止对称信息合谋的报酬契约研究》，《科研管理》2004年第5期。

陈志俊、邱敬渊：《分而治之：防范合谋的不对称机制》，《经济学（季刊）》2003年第1期。

陈志俊：《防范串谋的激励机制设计：一个综述》，《经济学动态》2002年第10期。

陈志俊：《防范串谋的激励机制设计：不对称的歧视机制》，《中国社会科学评论》2003年第2期。

常欣：《放松管制与规制重建——中国基础部门引入竞争后的政府行为分析》，《经济理论与经济管理》2001年第11期。

丁美东：《政府规制失效及其优化》，《当代财经》2001年第8期。

董志强、蒲勇健：《公共管理领域监察合谋防范机制》，《中国管理科学》2006年第6期。

董志强、蒲勇健：《掏空、合谋与独立董事报酬》，《世界经济》2006年第6期。

董志强：《公司治理中的监督合谋》，博士学位论文，重庆大学，2006年。

董志强：《监察合谋：惩罚、激励与合谋防范》，《管理工程学报》2007年第

3 期。

杜传忠：《新规制经济学的规制俘获理论及其对我国的借鉴意义》，《东岳论丛》2005 年第 1 期。

〔法〕让·雅克·拉丰、大卫·马赫蒂摩：《激励理论》，陈志俊译，中国人民大学出版社 2002 年版。

冯飞：《加快能源管理体制改革，建立现代监管制度》，《电业政策研究》2007 年第 2 期。

干春晖、吴一平：《规制分权化、组织合谋与制度效率——基于中国电力行业的实证研究》，《中国工业经济》2006 年第 4 期。

管毅平、邵长卫：《监管者介入对发电厂商默契合谋行为的影响》，《经济理论与经济管理》2006 年第 2 期。

郭新帅、缪柏其、方世建：《排污管制中的授权监督与合谋》，《中国人口·资源与环境》2009 年第 4 期。

郭继芳：《电力市场交易机制的实验经济学研究》，《电气技术》2016 年第 11 期。

国际能源署：《自由化电力市场中的管制机构》，IEA 2001 年版。

国家电力监管委员会、中华人民共和国财政部、世界银行：《中国电力监管能力建设研究报告》，中国水利水电出版社 2007 年版。

国家电力监管委员会：《2008 年度电价执行情况监管报告》，中国政府网，2009 年。

国家电力监管委员会：《2009 年度电价执行及电费结算监管报告》，中国政府网，2010 年。

国家电力监管委员会：《电力监管年度报告（2010)》，中国政府网，2011 年。

国家发展与改革委员会：《节能发电调度办法（试行)》，中国政府网，2007 年。

国务院发展研究中心产业经济研究部：《中国电力改革与可持续发展战略研究》，中国政府网，2007 年。

韩文轩：《我国输电价格规制模式探讨》，《价格理论与实践》2007 年第 8 期。

胡汉辉、吕魁、万兴、胡绪华：《基于转换成本和两类用户的多市场竞争：

以电力零售市场为例》，《系统工程理论与实践》2010 年第 9 期。

淮建军、雷红梅：《信息披露中四方主体双边合谋的博弈分析》，《数学的实践与认识》2010 年第 12 期。

何丽梅、李哲、朱红：《我国电力上市公司社会责任报告及环境绩效信息披露研究》，《数理统计与管理》2011 年第 3 期。

黎灿兵、康重庆、江健健：《电力市场监管中信息披露与市场评估的研究》，《电力系统自动化》2003 年第 2 期。

李怀：《中国自然垄断产业改革方向探讨》，《财经问题研究》2008 年第 10 期。

李春杰、赵会茹、秦志强：《抑制默契合谋报价的购电期权机制设计》，《华东电力》2011 年第 4 期。

刘阳平、叶元煦：《电力产业的自然垄断特征分析》，《哈尔滨工程大学学报》1999 年第 5 期。

刘贞：《基于市场交易的电能与环境协调激励电价机制设计》，博士学位论文，重庆大学，2008 年。

刘朝、赵志华：《第三方监管能否提高中国环境规制效率？——基于政企合谋视角》，《经济管理》2017 年第 7 期。

卢方元：《环境污染问题的演化博弈分析》，《系统工程理论与实践》2007 年第 9 期。

罗建兵、许敏兰：《合谋理论的演进与新发展》，《产业经济研究》2007 年第 3 期。

梁寿愚、李鹏、汪皓、何超林、顾慧杰：《南方电网调度信息披露平台研究》，《南方电网技术》2011 年第 3 期。

龙硕、胡军：《政企合谋视角下的环境污染：理论与实证研究》，《财经研究》2014 年第 10 期。

马子明、钟海旺、李竹、汪洋、夏清：《美国电力市场信息披露体系及其对中国的启示》，《电力系统自动化》2017 年第 24 期。

马新顺、文福拴、刘建新：《电力市场中发电公司间默契合谋机理的研究》，《电力系统自动化》2005 年第 17 期。

马英娟：《监管的语义辨析》，《法学杂志》2005 年第 3 期。

[美] 安妮·克鲁格：《寻租社会的政治经济学》，《经济社会体制比较》1988 年第 5 期。

[美] 加里·贝克尔：《人类行为的经济分析》，王业宇、陈琪译，上海人民出版社 2008 年版。

[美] 马克·赫斯切：《管理经济学》，李国清译，机械工业出版社 2005 年版。

[美] 萨利·亨特：《电力市场竞争》，中信出版社 2004 年版。

[美] 戈登·塔洛克：《寻租》，李政军译，西南财经大学出版社 1999 年版。

钱炳：《自然垄断中的市场势力：对电力产业"厂网分开"的分析》，《中央财经大学学报》2017 年第 7 期。

钱燕、管怡秋：《碳会计信息披露的问题研究——以电力上市公司为例》，《中国商论》2018 年第 7 期。

邱聿旻、程书萍：《基于政府多重功能分析的重大工程"激励—监管"治理模型》，《系统管理学报》2018 年第 1 版。

屈小娥、席瑶：《资源环境双重规制下中国地区全要素生产率研究——基于 1996~2009 年的实证分析》，《商业经济与管理》2012 年第 5 期。

秦志强、赵会茹、李春杰：《抑制发电商串谋的 Vickrey 竞价机制》，《运筹与管理》2012 年第 5 期。

任玉珑、刘黄欢、曾令鹤：《西部地区电能与环境协调发展系统中政府规制偏好研究》，《管理学报》2008 年第 5 期。

任玉珑、任晓红、刘刚刚：《寻租行为分析在电力市场规制机制设计中的运用》，《重庆大学学报（自然科学版）》2003 年第 10 期。

[日] 植草益：《微观监管经济学》，朱绍文、胡欣欣等译，中国发展出版社 1992 年版。

尚金成：《兼顾市场机制的主要节能发电调度模式比较研究》，《电网技术》2008 年第 4 期。

石涛：《国外专业性监管机构的发展及其启示》，《上海行政学院学报》2018 年第 3 期。

宋永华、刘广、谢开：《电力企业的垄断模式（一）——垄断型模式》，《中国电力》1997 年第 9 期。

汤灿晴、董志强：《科层组织中的合谋：理论发展与应用研究前景》，《经济管理》2009 年第 6 期。

唐松林、任玉珑：《协调监管：电力监管体制与理论创新》，《管理世界》2008 年第 7 期。

唐松林：《计及环境的中国电力协调监管问题研究》，博士学位论文，重庆大学，2008 年。

唐跃中：《电力市场条件下的输电定价与规制》，《电力系统自动化》2004 年第 13 期。

土冰、杨虎涛：《"合谋"的负面经济后果及对有关几种观点的评析》，《学术研究》2003 年第 9 期。

王长会：《我国氮氧化物的污染现状和治理技术的发展及标准介绍》，《机械工业标准化与质量》2008 年第 11 期。

王齐：《政府管制与企业排污的博弈分析》，《中国人口资源与环境》2004 年第 3 期。

王善平、赵国宇：《防范审计合谋之奖惩措施的有效性》，《系统工程》2008 年第 1 期。

王伟、管毅平、翟海青、李玉平：《电能现货拍卖交易中企业间默契合谋行为分析》，《电力系统自动化》2005 年第 23 期。

王小君、李晓刚、杨立兵、邹斌：《华东跨省集中交易中发电企业结盟报价实证研究》，《电力系统保护与控制》2013 年第 9 期。

王雨佳：《供给侧改革下能源关系及价格现状——以煤电产业链为例》，《现代经济探讨》2018 年第 7 期。

王鹏、许海铭、张灵凌、李庚银：《基于博弈论的热电联产机组最小运行方式监管制度设计》，《中国电机工程学报》2012 年第 11 期。

王楠、杨雯：《电力上市公司环境会计信息披露探析——以华能国际和深圳能源为例》，《商业会计》2014 年第 24 期。

王云、李延喜、马壮、宋金波：《媒体关注、环境规制与企业环保投资》，《南开管理评论》2017 年第 6 期。

王彦皓：《政企合谋、环境规制与企业全要素生产率》，《经济理论与经济管理》2017 年第 11 期。

汪皓、梁寿愚、顾慧杰：《关于调度信息披露系统建设若干问题的探讨》，《广东电力》2012 年第 1 期。

魏琦、张兆钰、王乐乐：《电力行业碳交易和企业策略的实验研究》，《软科学》2015 年第 11 期。

温桂芳、张群群：《能源资源性产品价格改革战略》，《经济研究参考》2014 年第 4 期。

吴伟、陈功玉、王浣尘、陈明义：《环境污染问题的博弈研究》，《系统工程理论与实践》2001 年第 10 期。

吴一平：《规制分权化对电力行业发展的影响》，《世界经济》2007 年第 2 期。

晓宇：《调度独立：改革的新切入点》，《中国电力企业管理》2009 年第 3 期。

徐骏、曹学泸：《我国电力市场中市场势力的形成及其监管问题研究》，《价格理论与实践》2016 年第 10 期。

徐鹏杰、卢娟：《异质性环境规制对雾霾污染物排放绩效的影响——基于中国式分权视角的动态杜宾与分位数检验》，《科学决策》2018 年第 1 版。

徐楠、文福拴：《电力市场中发电公司间心照不宣的勾结浅析》，《电力系统自动化》2005 年第 8 版。

薛联芳：《中国电力工业可持续发展与环境保护》，《中国水电》2000 年第 1 版。

杨冬、徐鸿：《SCR 烟气脱硝技术及其在燃煤电厂的应用》，《电力环境保护》2007 年第 1 期。

杨昆：《中国电力监管及其挑战》，《法人杂志》2004 年第 4 期。

姚智斌：《发电市场中的合谋与规制》，《江苏电机工程》2005 年第 6 期。

叶泽、喻苗：《电力市场中差价合约的合谋效应》，《长沙理工大学学报（社会科学版）》2006 年第 3 期。

叶泽:《电力市场中企业合谋的原因》,《长沙理工大学学报 (社会科学版)》
　　2005 年第 1 期。

叶泽、白顺明、吴永飞:《市场势力视角下跨省直接交易的竞争效率分析》,
　　《长沙理工大学学报 (社会科学版)》2016 年第 1 期。

于良春、张伟:《强自然垄断定价理论与中国电价规制制度分析》,《经济研
　　究》2003 年第 9 期。

俞燕山、向海平、高世揖:《我国电力工业政府监管体制改革研究》,中国
　　财政经济出版社 2002 年版。

张帆:《环境与自然资源经济学》,上海人民出版社 1999 年版。

张粒子、张集、程瑜:《电力市场中的合谋溢价和合谋行为规制》,《电网技
　　术》2006 年第 24 期。

张维迎:《博弈论与信息经济学》,上海人民出版社 2004 年版。

张伟、于良春:《信息、串谋与自然垄断产业规制》,《经济评论》2007 年第
　　2 期。

张伟丽、叶民强:《政府、环保部门、企业环保行为的动态博弈分析》,
　　《生态经济》2005 年第 2 期。

张文泉、方彬:《管制理论与电力监管》,《华北电力大学学报 (社会科学
　　版)》2004 年第 3 期。

张伟:《制度环境、激励结构与垄断行业收入规范》,《当代经济管理》2010
　　年第 5 期。

张俊、钟春平:《政企合谋与环境污染——来自中国省级面板数据的经验证
　　据》,《华中科技大学学报 (社会科学版)》2014 年第 4 期。

郑新业、张阳阳、胡竞秋:《市场势力的度量、识别及防范与治理——基于
　　对中国电力改革应用的思考》,《价格理论与实践》2016 年第 6 期。

赵会茹、陈志莉:《政府对电力产业管制动态演变及其经济性分析》,《华北
　　电力大学学报 (社会科学版)》2004 年第 1 期。

中华人民共和国国家发展和改革委员会:《燃煤发电机组脱硫电价及脱硫设
　　施运行管理办法 (试行)》,中国政府网,2007 年。

朱成章:《电力工业管制与市场规制》,中国电力出版社 2003 年版。

Alfredo Garcia and Luis E. Arbelaez, "Market power analysis for the Colombian electricity market", *Energy Economics*, Vol. 24, No. 2, 2002.

Alfredo Garcia and Luis E. Arbelaez, "Degree of polarization in quantum optics", *Physical Review* A, Vol. 66, No. 1, 2002.

Anders L. and Lene H. P., et al., "Independent regulatory authorities in European electricity markets", *Energy Policy*, No. 34, 2006, pp. 2858–2870.

Andrew Samuel and Aaron Lowen, "Bribery and inspection technology", *Economics of Governance*, No. 4, 2010, pp. 556–572.

Averch H. and Johnson L., "Behavior of the firm under regulatory constraint", *American Economic Review*, No. 12, 1962, pp.1052–1069.

Barron D. and D. Besanko, "Information, control and organization structure", *Journal of Economics and Management Strategy*, No. 1, 1992, pp. 237–275.

Becker G., "A theory of competition among pressure groupsfor political influence", *Quarterly Journal of Economics*, No. 98, 1983, pp. 371–400.

Becker G., "Public policies, pressure groups, and deadweightcosts", *Journal of Public Economics*, No. 28, 1985, pp. 329–347.

Becker G. S., "Crime and punishment: An economic approach", *Journal of Political Economy*, Vol. 76, No. 2, 1968.

Benchekroun, Hassan, Ray Chaudhuri and Amrita, "Environmental policy and stable collusion: The case of a dynamic polluting oligopoly", *Journal of Economic Dynamics and Control*, Vol. 35, No. 4, 2011.

Bernard, John C. Schulze, William, Mount and Timothy, "Bidding behaviour in the multi–unit Vickrey and uniform price auctions", *Applied Economics Letters*, Vol. 12, No. 10, 2005.

Bernheim B. Douglas, Bezalel Peleg and Michael D. Whinston, "Coalition – proof Nash equilibrium I: Application", *Journal of Economic Theory*, Vol.

42, No. 5, 1987.

Bernheim B. Douglas, Bezalel Peleg and Michael D. Whinston, "Coalition – proof Nash equilibrium II: Concepts", *Journal of Economic Theory*, Vol. 42, No. 5, 1987.

Bernstein, Jeffrey I. and Sappington, David E. M., "Setting the X Factor in price–Cap regulation plans", *Journal of Regulatory Economics*, Vol. 16, No. 1, 1999.

Bouwe R. Dijkstra, "Political competition, rent seeking and the choice of environmental policy instruments: Comment", *Environmental and Resource Economics*, Vol. 29, No. 1, 2004.

Baron D. and Myerson R., "Regulating a monopolist with unknown costs", *Econometrica*, Vol.50, No.4, 1982, pp.911–930.

Baumol, W. J. and klevorick, A. K., "Input choices and rate of return regulation: An overview of the discussion", *The Bell Journal of Economics and Management Science*, Vol. 1, No. 2, 1970, pp. 162–190.

Bente V., "Communication and delegation in collusive agencies", *Journal of Accounting and Economies*, No. 19, 1995.

Calzolari and Pavon, "On the optimality of privacy in sequential contracting", *Journal of Economic Theory*, No. 13, 2006, pp. 160–204.

Chapman, Bruce, Denniss and Richard, "Using financial incentives and income contingent penalties to detect and punish collusion and insider trading", *Australian & New Zealand Journal of Criminology*, Vol. 38, No. 1, 2005.

Chen Z. J. and J. Y. Chiou., Divide to conquer: *Asymmetric mechanism with discrimination to prevent collusion*, IDEI Toulouse Working Paper, 2003.

Covadonga Meseguer, "Policy learning, policy diffusion, and the making of a new order", The ANNALS of the American Academy of Political and Social Science, Vol. 598, No. 1, 2005.

Cohen, Santhakumar, "Information disclosure as environmental regulation: A theoretical analysis", *Environmental & Resource Economics*, No.37, 2007, pp.599-620.

Damania R., "Political competition, rent seeking and the choice of environmental policy instruments", *Environmental and Resource Economics*, No. 13, 1999, pp. 415-433.

David Levi -Faur, "The global diffusion of regulatory capitalism", *The ANNALS of the American Academy of Political and Social Science*, Vol. 598, No. 1, 2005.

David Patton, *Lessons learned from market monitoring in north american electricity markets*, Washington: WorldBank Electricity Forum, 2003.

DTI, *Energy better regulation project*, London: DTI, 2006.

Estache A. and Martimort D., Politics, *transaction costs, and the design of regulatory institutions*, Policy Research Working Paper, 1999.

European Commission, 2003/796/EC: *Commission Decision of 11 november 2003 on establishing the european regulators group for electricity and cas*, Brussels: European Commission, 2003.

Faure-Grimaud A., Laffont J. J. and Martimort D., "Collusion, delegation and supervision with soft information", *Review of Economic Studies*, No. 70, 2003, pp. 253-279.

Frances Zhiyun Xu, "Optimal best -price policy", *International Journal of Industrial Organization*, Vol. 29, No. 5, 2011.

Gan D. and Bourcier D. V., "Locational market power screening experience and suggestions", *IEEE Transactions on Power Systems*, No. 2, 2002, pp. 180-185.

George J. Stigler and Claire Friedland, "What can regulators regulate? The case of electricity", *Journal of Law and Economics*, No. 5, 1962, pp. 1-16.

Gilardi F., "The institutional foundations of regulatory capitalism: The diffusion of independent regulatory agencies in western europe", *The Annals of the American Academy of Political and Social Science*, Vol. 598, No. 1, 2005.

Gremer J. and Riodan M., "On governing multilateral transaction with bilateral contract", *Rand Journal of Economics*, No. 18, 1987, pp. 436–451.

Harrington J. and Joseph E., "Optimal corporate leniency programs", *Journal of Industrial Economics*, Vol. 56, No. 2, 2008.

Harrington, Joseph E. and Skrzypacz Andrzej, *collusion under monitoring of sales*, Stanford Graduate School of Business Working Papers, 2005, pp. 1–25.

Holm D., *Energy, the State, and the Market*, Oxford: Oxford University Press, 2003.

Hiriart Y., Martimort D. and Pouyet J., "The public management of risk: Separating ex ante and ex post monitors", *Journal of Public Economics*, Vol. 94, No. 11, 2010.

Ishibashi Ikuo and Shimizu Daisuke, "Collusive behavior under a leniency program", *Journal of Economics*, Vol. 101, No. 2, 2010.

Ishiguro S., *Collusion and discrimination in organizations*, Ritsumeikan University Working Paper, 2001.

Jeffrey H. Grobman and Janis M. Carey, "Price caps and investment: Long-run effects in the electric generation industry", *Energy Policy*, No. 29, 2001, pp. 545–552.

Jerry L. Jordan, "Effective supervision and the evolving financial services industry", *Economic Commentary*, 2001, pp. 1–4.

Jian Yang, "A market monitoring system for the open electricity markets", *Power Engineering Society Summer Meeting*, No. 1, 2001, pp. 235–240.

Jie He, Paul Makdissi, and Quentin Wodon, *Corruption, inequality, and environmental regulation*, Working Paper, 2007.

Kofman F. and Lawarree J., "Collusion in hierarchical agency", *Econometrica*, Vol. 61, No. 3, 1993.

Kumar D. A. and Fushuan W., "Market power in electricity supply", *IEEE Energy Conversion*, Vol. 16, No. 4, 2001.

Kahn A. E. The Economics of Regulation: Principles and Institutions, *Cambridge*: The AIT Press, 1988.

Laffont J. J., Tirole J., "The politics of government decision making a theory of regulatory capture", *The Quarterly Journal of Economics*, No. 4, 1991, pp. 1089-1127.

Laffont J. J. and J. Pouyet, "The subsidiary bias in regulation", *Journal of Political Economy*, No. 88, 2003, pp. 255-283.

Laffont J. J. and Martimort D., "Separation of regulators against collusive behavior", *Rand Journal of Economics*, Vol. 30, No. 2, 1999.

Laffont J. J. and M. Meleu, "Separation of powers and development", *Journal of Development Economics*, No. 64, 2001, pp. 129-145.

Laffont J. J. and Tirole J., "The politics of government decision making a theory of regulatory capture", *The Quarterly Journal of Economics*, No. 4, 1991, pp. 1089-1127.

Laffont J. J., Faure Grimaud A. and D. Martimort, *Collusion, delegation and supervision with soft information*, IDEI Working Paper, No. 167, 2001.

Lusan D. A., Yu Z. and Sparrow F. T., "Market gaming and market power mitigation in deregulated electricity markets", *Power Engineering Society*, No. 2, 2003, pp. 839-843.

Littlechild S., Regulation of British Telecommu Nications Profitability, London: *HMSO*, 1983.

Mark A. and Cohen V., "Santhakumar. information disclosure as environmental regulation: A Theoretical analysis", *Environmental & Resource Economics*, No. 37, 2007, pp. 599-620.

Martimort D., "The multiprincipal nature of government", *European Economic Review*, No. 40, 1996, pp. 673–685.

Massimo Motta, *Competition policy: Theory and practice*, Cambridge: Cambridge University Press, 2004.

Melinda Acutt and Caroline Elliott, "Regulatory conflict? Environment and economic regulation of electricity generation", *Environmental Policy & Governance*, No. 7, 1999.

Melumad, Nahum, Dilip Mookherjee and Stefan Reichelstein, "Hierarchical decentralization of incentive contracts", *Rand Journal of Economics*, No. 26, 1995, pp. 345–362.

Mishra A. and Anant T. C., "Activism, separation of powers and development", *Journal of Development Economics*, Vol. 81, No. 2, 2006.

Mishra A., "Hierarchies, incentives and collusion in a model of enforcement", *Journal of Economic Behavior & Organization*, Vol. 47, No. 2, 2002.

Mrozek J. R. and Keeler A. G., "Pooling of uncertainty: Enforcing tradable permits regulation when emissions are stochastic", *Resource and Energy Economics*, No. 29, 2004, pp. 459–481.

Myerson R., *Game theory: Analysis of conflict*, Cambridge: Harvard University Press, 1991.

Massimo Motta, "Efficiency gains and myopic antitrust authority in a dynamic merger game", *International Journal of Industrial Organization*, Vol. 23, No. 9, 2005, pp.777–801.

N. Fabra, "Tacit collusion in repeated auctions: Uniform –price and discriminatory –price", *Journal of Industrial Economics*, Vol. 23, No. 3, 2003.

N. Peter, "On the political economy of electricity deregulation –california style", *The Electricity Journal*, Vol. 33, No. 5, 2004.

Neilson William S. and Winter Harold, "Bilateral most –favored –customer pricing and collusion", *RAND Journal of Economics*, Vol. 24, No. 1, 1993.

Nilsson Mats, "Electric power oligopoly and suspicious minds – a critique of a recently approved merger", *Energy Policy*, Vol. 33, No. 15, 2005.

OECD, *OECD guiding principles for regulatory quality and performance*, Paris: OECD, 2005.

OECD/IEA, Towards a sustainable energy future, Paris: OECD, IEA, 2001.

Peltzman S., "Toward a more general theory of regulation", *Journal of Law and Economics*, No. 19, 1976, pp. 211–240.

Posner R. A., "Theories of economic regulation", *Bell Journal of Economics*, No. 5, 1974, pp. 335–358.

Poonsaeng Visudhiphan, Marija D. llic, Mrdjan Mladjan, "On the complexity of market Power assessment in the electricity spot markets", *IEEE PES Winter Meeting*, 2002.

Rangel L. F., "Competition policy and regulation in hydro–dominated electricity markets", *Energy Policy*, No. 36, 2008, pp. 1292–1302.

RAP., *Establishment of a state electricity regulatory commission in China*, Electric Utility Regulatory Reform Workshop, 2003.

RAP., *SERC during the 11th Five–Year plan: Building an effective regulatory framework*, Electric Utility Regulatory Reform Workshop, 2004.

Riggins William G., "A perspective on regulatory risk in the electric industry", *Managing Enterprise Risk: What the Electric Industry Experience Implies for Contemporary Business*, 2006, pp. 3–15.

Robert D. Tollison, "Rent seeking: A survey", *General & Introductory Economics*, Vol. 35, No. 4, 1982.

Sandeep Baliga, "Monitoring and collusion with soft information", *Journal of Law, Economics, and Organization*, Vol. 15, No. 2, 1999.

Sen P. K., et al., *Renewable energy and distributed power distributed power* generation overview & scope in USA: Past, present and future, New York: National Association of Regulatory Utility Commission, 2004.

Shleifer and Vishny, "Corruption", *Quarterly Journal of Economics*, Vol. 108, No. 3, 1993.

Silva C., Wollenberg B. F. and Zheng C Z., "Application of Mechanism design to electric power markets", *IEEE Transactions on Power Systems*, Vol. 16, No. 4, 2001.

Spencer Banzhaf, Dallas Burtraw, and Karen Palmer, "Efficient emission fees in the US electricity sector", *Resource and Energy Economics*, No. 26, 2004, pp. 317–341.

Stanley Baiman and John H., "Evans III and Nandu J. Nagarajan. collusion in auditing", *Journal of Accounting Research*, Vol. 29, No. 1, 1991.

Stavins R., *Environmental economics*, Working Paper in Ksg of Harvard University, 2004.

Stigler G., "The theory of economic regulation", *Bell Journal of Economics and Management Science*, Vol. 32, No. 2, 1971.

Sappington D, "The impact of state incentive regulation on the U. S. telecommunications industry", *Journal of Regulatory Economics*, Vol. 22, No. 2, 2002.

Thatcher M., "Regulation after delegation: Independent regulatory agencies in europe", *Journal of European Public Policy*, Vol. 9, No. 6, 2002.

Tirole J., "Hierarchies and bureaucracies: On the role of collusion in organizations", *Journal of Law, Economics, & Organization*, Vol. 24, No. 2, 1986.

Tirole, J., "Collusion and the theory of organizations", *Advances in Economic Theory, Proceedings of the Sixth World Congress of the Econometric Society*, New York: Cambridge University Press, No. 2, 1992.

Toru Hattori and Miki Tsutsui, "Economic impact of regulatory reforms in the

electricity supply industry: A panel data analysis for OECD countries",
Energy Policy, Vol. 32, No. 6, 2004.

Vogelsang I., " Price regulation for independent transmission companies",
Journal of Regulatory Economics, Vol. 20, No. 2, 2002.

Yao Jian, Shmuel S. Oren and Ilan Adler, "Two-settlement electricity markets
with price caps and cournot generation firms", *European Journal of
Operational Research*, Vol. 181, No. 3, 2007.

索 引

符号

"I+FP" 合约 159，160

"I+FP" 机制 156，157，159，160，161

"I+VP" 合约 159，160

"I+VP" 机制 156，158，159，160，161

"激励+惩罚" 机制 94，95

"经济人" 假设 58，85，92

B

报酬合同 64，67，152，161

边际成本 20，34，45，48，62，101，
103，153

不完全信息 54，65，68

C

参与约束 79，105，109，139，154，155

成本加成合约 69

成本监管 1，21，31，33，35，37，38，
41，83，84，87，90，92，93，94，99，
117，133

惩罚策略 74，97，96，156

出力分配 99，100，103，104，105，106，
107，109，110，111，112，113，114，
115，118，135，147，164，65，166，
170

出力分配合约 99，100，103，104，105，
106，107，109，110，111

D

代理人 6，7，53，58，64，65，66，67，
68，70，71，72，73，74，79，80，
81，82，83，84，86，87，89，94，
95，96，97，114，149，169，170

单指标调度 103，107，112，113，114

等价原理 6，71

低激励强度合同 70

电价补贴 4，36，95，117，118，119，
120，121，122，129，130，166

电价监管 13，15，17，19，32，33，38，
43，87，88，99

电力产业 1，2，5，6，7，8，11，12，
13，18，22，26，30，38，39，41，42，
43，48，49，50，51，53，54，56，61，
63，64，76，77，83，84，87，90，91，
92，93，94，95，97，117，147，149，
160，163，167，168，170

电价机制 4，20，31，33，35，55，120，
124，127，129，131，164，167，168

电力监管 5，7，8，9，10，11，12，13，

14，16，17，18，19，21，22，23，25，
30，31，32，37，38，39，40，41，42，
43，48，49，54，55，56，63，76，77，
78，82，84，85，86，87，88，89，90，
91，92，93，94，95，96，100，133，
134，149，167，170

电力监管理论　42，56，76，77

电力监管者　5，37，38，39，90，95，99，
100，102，106，110，112，114，115，
133，134，135，136，137，140，141，
142，143，144，145，147，148，149，
152，161，162，163，164，165，166，
167

电力市场化改革　1，16，17，18，21，23，
34，41，42，49，87，91，100，101，
151，170

电力体制改革　3，12，22，23，33，34，
38，39，49

多指标调度　107，112，113，114

F

发电企业　4，5，15，19，20，24，28，
29，31，33，34，35，36，37，39，40，
45，46，47，48，53，76，86，87，89，
94，95，99，100，101，102，103，104，
105，107，108，110，112，113，114，
115，117，118，119，120，121，122，
123，124，125，126，127，129，130，
131，133，134，135，136，138，140，
142，144，146，147，148，149，152，
161，162，163，164，165，166，167，
170

防范规制合谋　6，64，73，75，92，100，
114，127，129，130，135，148，152，

161，164

防合谋成本　6，74，95，111，112，127，
128，129，130，131，145，146，147，
148，161，162，164，165，167，168

防合谋合约　73，103，106，107，110，
111，140，142，143，144，145，156，
157，158，159

防合谋机制　7，77，91，94，95，97，
134，149，152，160，161，162，167，
168

防合谋有效　127，160，161，166

分阶段定价　95，120，129，130，131，
164，166，167

分权　5，6，56，70，71，72，73，76

俘获　5，6，7，11，36，44，59，60，64，
65，66，71，74，76，77，79，81，82，
99，151

G

高强度激励合同　70

供给侧结构性改革　1，2

固定惩罚　94，96，152，156，161，162，
165，167，168

固定定价　95，120，129，130，164，166

固定价格合约　69

规制次序　95，134，148，149

规制合谋　1，5，6，7，8，11，31，32，
33，34，35，36，37，38，39，40，41，
42，45，52，56，64，65，67，68，69，
70，72，73，74，75，76，77，79，82，
83，84，85，86，87，89，90，91，92，
93，94，95，96，97，99，100，102，
112，114，115，117，118，119，120，
122，124，127，129，130，131，133，

134，135，136，145，146，147，148，
149，151，152，160，161，162，163，
164，165，166，167，168，170

H

合谋理论　64，77，81
环境规制　26，30，35，36，37，40，43，
50，51，52，53，54，56，63，84，89，
90，91，93，94，95，108，115，117，
118，119，120，130，133，134，136，
147，148，149，163，166，167
贿金　71，95，122，124，125，126，127，
129，130，156，164，166

J

机制设计　7，41，62，65，68，77，83，
84，90，91，92，93，94，95，96，97，
99，117，133，134，147，151，165
激励机制　10，14，17，45，62，76，
133，136，148，156，161
激励相容　46，79，105，109，138，154，
155
激励性规制　45，60，62，63，64
集权　6，70，71，76
价格上限规制　45，63
交易成本　51，68，69，73，93
节能发电调度　21，100，101，112，113，
114，115，147，166
经济性规制　12，19，30，31，37，39，
40，42，43，54，46，62，63，64，
79，89，91，93，94，95，99，100，
133，134，135，147，148，149，151

均衡条件　95，129，130，164，166

K

可变惩罚　94，96，152，156，159，161，
162，165，167，168
库恩—塔克定理　105，139

L

拉格朗日方程　105，139

M

默契合谋　46，65，76，169

N

纳什乘积　123，125，126

P

帕累托最优　49，68
P–S1、S2–A 框架　94，95，114，149
P–S1–S2–A 框架　95
P–S2–S1–A 框架　95
P–S–A 框架　94，114

Q

期望社会福利　105，106，108，109，
110，138，139，141，143
契约分配　68

R

regulation 56，77，78，81，91

S

社会性规制 42，62，63，64，115，133，
　134，149，166，167
输电成本核定 40，94，151
双重规制 30，37，40，43，54，55，90，
　91，93，95，133，134，135，136，
　140，144，147，148，149，163，165，
　167，170

T

脱硫电价 4，5，28，29，36，118，129，
　136，166
脱硝补贴 95，122，123，124，125，126，
　127，128，129，130，131，164，167
脱硝成本 95，118，121，124，125，126，
　128，129，130，131，164，167
脱硝电价 29，36，117，118，119，120，
　121，122，124，127，128，129，130，
　131，164，166，167

W

委托—代理 65，66，85，86，87，88，
　92
无合谋合约 97，104，108，136，137，
145，153，154，159

X

消费者剩余 104，137
效用函数 103，108，120，121，124，
　125，126，136，153，154
信息不对称 3，9，10，32，34，53，54，
　58，60，62，64，65，68，85，86，87，
　92，96，97，99
信息结构 7，46，64，67，75
信息优势 44，62，63，66，67，79，86，
　87，92，140，145
信息租金 45，47，62，65，66，67，69，
　73，89，90，96，140，148，155，156，
　160，161，165
寻租 5，32，33，34，38，45，52，53，
　64，77，79，80，81，82，85

Z

制度经济学 76，77
准许成本加合理收益 25
子契约 80，85，88
自然垄断 2，8，9，30，39，43，44，45，
　46，57，58，62，63，65，69，84，85，
　94，95，151
组织合谋理论 6，7，42，64，65，66，
　67，76，77，90，96，97，112，114，
　135，149，160
最大化社会福利 66，104，137，154
最优规制 105，109，139，141，143

后 记

　　十余年前离开家乡，来到重庆大学攻读博士学位时，我就经常听闻重庆大学经济与工商管理学院第一任专任院长由著名经济学家、教育家、美国哥伦比亚大学经济学博士马寅初教授出任，杨秀苔教授作为担任恢复学院建制后的第一任院长，敏锐地意识到电力系统应该与市场经济接轨，在当时电力部的认可和支持下，创办了电力技术经济专业，此时的技术经济及管理专业已经成为学院唯一一个国家重点学科。当时尚年轻且常怀憧憬与激情的我，一直对这个跨界融合学科心存艳羡，对能有一天从事经济、管理、电力交叉学科的工作而心存向往。硕士毕业后，我非常幸运地来到重庆大学经管学院技术经济及管理专业攻读博士，恰逢博士生导师任玉珑教授 2008 年正在主持国家自然科学基金项目"西部电能开发中电力与环境协调监管机制研究"（批准号：90510016），我也参与到课题攻关任务中，并承担了其中政府监管失灵与机制设计相关的研究工作。2009 年，学院孙睿老师申报国家自然科学青年基金项目"基于演化博弈的电力行业二氧化碳排放权定价理论及政策设计"（批准号：70903080），我承担了其中与减排激励机制设计相关章节的撰写任务。虽然才疏学浅，所从事的研究距离真正工程管理的实践还相去甚远，但在博士期间的研究，大部分时间都围绕"电力管制—机制设计"而开展，能够作为"工程技术经济"的广大群体中的一员，内心也十分激动和骄傲。

　　"工程技术经济"离不开工程实践，2012 年博士毕业后，我非常幸运地来到华北水利水电大学工程管理教研室工作，依托水利水电工程系、工程管理系等多个学科的河南华北水电工程监理中心先后承担了 100 多项水利水电工程建设监理任务，为全国各省（自治区、直辖市）的水利厅（局）和各大流域机构培训监理人员，监理中心的成员都具有水利水电工程监理理论和丰富的现场管理经验。作为解决我国北方地区水资源短缺的战略性工程，南水北调中线工程于 2014 年 12 月 12 日正式通水，而这一阶段，正是我在华北水利水电大学工程管理系工作的时间，我有幸参与了南水北调中线干线工程建设管理局委托的项目"南水北调中线干线工程河南直管及代建项目土建施工合同价格水平评价研究"，以及河南省南水北调建设管理局委托的项目"南水北调中线干线工程委托河南省建设管理项目工程变更研究及咨询"，使我得到诸多实践和讨论的机会，对工程成本构成、工程造价理论、工程技术与经济之间的联系有了更加深刻且较为全面的认识，对我此后对于工程成本监管问题的理解和认识起到关键作用。

得益于华北水利水电大学工程管理系的工作经历以及监理中心的工程实践，我已不知不觉地从工商管理学科跨到管理科学与工程学科。2016年 7 月，我有幸在华北电力大学管理科学与工程博士后流动站从事博士后研究工作。适逢合作导师赵新刚教授于 2016 年正在主持国家自然科学基金面上项目"可再生能源配额交易制度对能源系统的影响机理与适应策略研究"（批准号：71273088），以及教育部人文社会科学研究规划基金项目"基于低碳发展的中国生物质发电产业发展政策框架设计研究"，我也参与到课题攻关任务中，并承担了其中能源成本与投资可行性的研究工作，算是发挥了在工程管理专业的背景特长。在课题组攻关期间，赵老师带领我和课题组的其他几位伙伴多次进行了深入的研究讨论，使我得到诸多学习思考的机会，对在电力产业中以供给侧结构性改革推动电力市场化改革的实践意义有了更深的认识，对我理解国内经济"新常态"下电力产业成本监管体系建设的课题起到关键作用。

在几年来的点滴努力以及课题组伙伴们的大力相助下，本项研究取得了阶段性成果，部分研究内容分别发表在 Energy、《系统工程学报》、《系统工程》、《预测》、《工业工程》等出版物上。2016 年课题鉴定结项后，我又结合最新的形势发展，对部分章节进行了修订完善，形成了本书目前的框架和内容，并于 2019 年初投稿参与了第八批《中国社会科学博士后文库》的评选，最终十分幸运地入选其中。

回望过去，特别感激我的博士导师任玉珑教授和我的博士后合作导师赵新刚教授，多年来在工作生活和学术研究上均对我有颇多教益，他们可称得上是我的"人生导师"！特别感谢所在单位各位领导同事、科研求学路上众位师友伙伴对我多年来研究工作的鼓励、支持和帮助！国家发改委价格司电力处和国网重庆市电力公司电力调度控制中心的多位领导和同事也为我提供了开展调查研究的便利条件，使我有机会深入价格监管机构和企业经营一线，得到许多一手资料。非常感谢经济管理出版社宋娜主任热情、耐心、细致的编辑服务工作！诚挚地感谢参与评审第八批《中国社会科学博士后文库》的各位专家！

需要特别说明的是，本书的观点和内容仅系我近年来对此问题的观察与思考，由于我学识和阅历有限，书中错误疏漏在所难免，一些观点值得商榷，一些内容有待完善，敬请读者批评指正。

杨菲菲

2019 年 7 月于华北电力大学

专家推荐表

第八批《中国社会科学博士后文库》专家推荐表 1

　　《中国社会科学博士后文库》由中国社会科学院与全国博士后管理委员会共同设立，旨在集中推出选题立意高、成果质量高、真正反映当前我国哲学社会科学领域博士后研究最高学术水准的创新成果，充分发挥哲学社会科学优秀博士后科研成果和优秀博士后人才的引领示范作用，让《文库》著作真正成为时代的符号、学术的标杆、人才的导向。

推荐专家姓名	任玉珑	电　　话	
专业技术职务	教授	研究专长	电力产业管理
工作单位	重庆大学经济与工商管理学院	行政职务	
推荐成果名称	我国电力产业成本监管的机制设计——防范规制合谋视角		
成果作者姓名	杨菲菲		

　　（对书稿的学术创新、理论价值、现实意义、政治理论倾向及是否具有出版价值等方面做出全面评价，并指出其不足之处）

　　本书稿是在电力行业供给侧结构性改革的大背景下，以我国电力产业成本监管作为研究对象，分析发电环节和输配电两个电力生产环节中可能的规制合谋行为及其防范机制设计，这对于政府制定供给侧结构改革下电力产业规制政策具有较大的借鉴价值，对于中国电力产业规制理论的发展和电力产业的市场化改革将具有一定的理论价值和现实意义。

　　书稿作者参阅大量的中外参考文献、资料档案，依照监管力度大小将电力产业监管的演化划分为四个阶段，并明确指出当前阶段电力产业监管的特性和发展趋势，这为本书后续研究的顺利进行打下了坚实的基础。同时，着重归纳电力监管中规制合谋行为的演化进程，并重点阐述电力监管理论、规制经济学和组织合谋理论的发展动态。以上对中外文献资料的综合归纳、整理和分析，使得电力产业监管的研究背景、现状和发展前景等，以及该领域的理论研究最前沿清晰地展现在眼前，这足以表明作者扎实的科研实力和突出的学术能力。

　　作者针对我国发电、输配电两个电力生产不同环节，从不同环节的不同特性出发，总结每个环节的规制政策、合谋机理，提出针对火电企业成本监管中规制合谋的防范机制设计，以及针对输配电成本监管中规制合谋的防范机制设计，这对于当前合理有效降低用电成本下电力产业发展，不失为一种有借鉴价值的理论研究和理论创新。

　　该书稿结构合理紧凑，研究思路明确，研究方法得当；写作规范、认真，文字描述准确；观点明晰，贯彻始终。能够充分反映作者对于中国电力产业规制相关知识掌握的全面性，对于中国电力产业成本监管机制设计的研究有分析、有思考、有建议。所以我认为该书稿符合出版要求，同意并推荐其出版。

签字：任玉珑

2018 年 12 月 31 日

说明： 该推荐表须由具有正高级专业技术职务的同行专家填写，并由推荐人亲自签字，一旦推荐，须承担个人信誉责任。如推荐书稿入选《文库》，推荐专家姓名及推荐意见将印入著作。

第八批《中国社会科学博士后文库》专家推荐表 2

《中国社会科学博士后文库》由中国社会科学院与全国博士后管理委员会共同设立，旨在集中推出选题立意高、成果质量高、真正反映当前我国哲学社会科学领域博士后研究最高学术水准的创新成果，充分发挥哲学社会科学优秀博士后科研成果和优秀博士后人才的引领示范作用，让《文库》著作真正成为时代的符号、学术的标杆、人才的导向。

推荐专家姓名	赵新刚	电　话	
专业技术职务	教授	研究专长	能源产业发展理论与政策
工作单位	华北电力大学经济与管理学院	行政职务	新能源电力与低碳发展研究北京市重点实验室副主任
推荐成果名称	我国电力产业成本监管的机制设计——防范规制合谋视角		
成果作者姓名	杨菲菲		

（对书稿的学术创新、理论价值、现实意义、政治理论倾向及是否具有出版价值等方面做出全面评价，并指出其不足之处）

深入推进电力价格改革，强化对电力行业成本监管，降低实体经济用电负担是我国电力行业供给侧结构性改革的重要内容。近年来，合理有效地降低用电成本越来越引起政府的重视，在继续推进电力市场化改革的进程中，要清醒地认识到强化行业成本监管对于降低企业用电成本的紧迫性、艰巨性、重要性和必要性。作为经济建设快速推进的重要资源推动剂，电力生产既要满足经济运行的需要，又面临降本增效越来越突出的压力。基于这样的现实背景，书稿创造性地从防范规制合谋的视角提出电力监管过程中发电和输配电成本监管的机制设计，对于新经济形态下提升电力产业成本监管效率、推动电力产业与经济运行协调发展，具有较高的现实意义和创新价值。

书稿以规制经济学的研究为出发点，结合中国电力产业发展现状、电力产业监管的特点，运用组织合谋理论对我国电力产业监管中规制合谋及其防范进行分析。对一般规制经济学理论和电力监管理论的糅合是制度经济学和电力监管理论的交叉领域的研究。这将有助于从理论上加深对产业规制中规制合谋的认识，推动电力监管理论向前发展，拓展组织合谋理论的适用范围。书稿在研究视角、研究思路和研究方法上都表现出了一定的创新性，尤其是从防合谋的角度提出分阶段补贴定价机制，对环境规制下火电企业电价补贴中合谋机理和合谋防范进行分析讨论，这对当前能源行业环境规制理论的丰富是一种有益的创新。

该书稿的完成反映出作者能够较好地掌握规制经济学、组织合谋理论、电力监管理论等学科知识体系，并具有综合使用这些知识的能力，独立从事社科研究的能力也较强，书稿的写作具有结构安排合理、逻辑关系清晰、文字处理得当等特点。

书稿的不足是：由于合谋数据难以获取等客观条件限制，全书只是从模型的构建结论进行分析并给出政策建议，没能采用实际数据加以佐证。虽然得到的基本结论符合预期，但如果能使用数据进行有效的实证分析，将模型假设条件实际化、具体化，可为本书稿的研究结论提供更为坚实的支撑。

总之，本书稿对于促进当前电力资源合理有效配置，对于电力产业成本监管理论的丰富，提供了一个新的研究视角，具有较高的理论价值和现实意义，且政治理论倾向良好，已经达到公开出版的水平，现予以推荐。

签字：赵新刚

2018 年 12 月 31 日

说明：该推荐表须由具有正高级专业技术职务的同行专家填写，并由推荐人亲自签字，一旦推荐，须承担个人信誉责任。如推荐书稿入选《文库》，推荐专家姓名及推荐意见将印入著作。

经济管理出版社
《中国社会科学博士后文库》
成果目录

第一批《中国社会科学博士后文库》（2012 年出版）

序号	书 名	作 者
1	《"中国式"分权的一个理论探索》	汤玉刚
2	《独立审计信用监管机制研究》	王 慧
3	《对冲基金监管制度研究》	王 刚
4	《公开与透明：国有大企业信息披露制度研究》	郭媛媛
5	《公司转型：中国公司制度改革的新视角》	安青松
6	《基于社会资本视角的创业研究》	刘兴国
7	《金融效率与中国产业发展问题研究》	余 剑
8	《进入方式、内部贸易与外资企业绩效研究》	王进猛
9	《旅游生态位理论、方法与应用研究》	向延平
10	《农村经济管理研究的新视角》	孟 涛
11	《生产性服务业与中国产业结构演变关系的量化研究》	沈家文
12	《提升企业创新能力及其组织绩效研究》	王 涛
13	《体制转轨视角下的企业家精神及其对经济增长的影响》	董 昀
14	《刑事经济性处分研究》	向 燕
15	《中国行业收入差距问题研究》	武 鹏
16	《中国土地法体系构建与制度创新研究》	吴春岐
17	《转型经济条件下中国自然垄断产业的有效竞争研究》	胡德宝

第二批《中国社会科学博士后文库》（2013 年出版）

序号	书 名	作 者
1	《国有大型企业制度改造的理论与实践》	董仕军
2	《后福特制生产方式下的流通组织理论研究》	宋宪萍
3	《基于场景理论的我国城市择居行为及房价空间差异问题研究》	吴 迪
4	《基于能力方法的福利经济学》	汪毅霖
5	《金融发展与企业家创业》	张龙耀
6	《金融危机、影子银行与中国银行业发展研究》	郭春松
7	《经济周期、经济转型与商业银行系统性风险管理》	李关政
8	《境内企业境外上市监管若干问题研究》	刘 轶
9	《生态维度下土地规划管理及其法制考量》	胡耘通
10	《市场预期、利率期限结构与间接货币政策转型》	李宏瑾
11	《直线幕僚体系、异常管理决策与企业动态能力》	杜长征
12	《中国产业转移的区域福利效应研究》	孙浩进
13	《中国低碳经济发展与低碳金融机制研究》	乔海曙
14	《中国地方政府绩效评估系统研究》	朱衍强
15	《中国工业经济运行效益分析与评价》	张航燕
16	《中国经济增长：一个"被破坏性创造"的内生增长模型》	韩忠亮
17	《中国老年收入保障体系研究》	梅 哲
18	《中国农民工的住房问题研究》	董 昕
19	《中美高管薪酬制度比较研究》	胡 玲
20	《转型与整合：跨国物流集团业务升级战略研究》	杜培枫

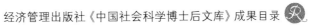

第三批《中国社会科学博士后文库》（2014 年出版）

序号	书　名	作　者
1	《程序正义与人的存在》	朱　丹
2	《高技术服务业外商直接投资对东道国制造业效率影响的研究》	华广敏
3	《国际货币体系多元化与人民币汇率动态研究》	林　楠
4	《基于经常项目失衡的金融危机研究》	匡可可
5	《金融创新及其宏观效应研究》	薛昊旸
6	《金融服务县域经济发展研究》	郭兴平
7	《军事供应链集成》	曾　勇
8	《科技型中小企业金融服务研究》	刘　飞
9	《农村基层医疗卫生机构运行机制研究》	张奎力
10	《农村信贷风险研究》	高雄伟
11	《评级与监管》	武　钰
12	《企业吸收能力与技术创新关系实证研究》	孙　婧
13	《统筹城乡发展背景下的农民工返乡创业研究》	唐　杰
14	《我国购买美国国债策略研究》	王　立
15	《我国行业反垄断和公共行政改革研究》	谢国旺
16	《我国农村剩余劳动力向城镇转移的制度约束研究》	王海全
17	《我国吸引和有效发挥高端人才作用的对策研究》	张　瑾
18	《系统重要性金融机构的识别与监管研究》	钟　震
19	《中国地区经济发展差距与地区生产率差距研究》	李晓萍
20	《中国国有企业对外直接投资的微观效应研究》	常玉春
21	《中国可再生资源决策支持系统中的数据、方法与模型研究》	代春艳
22	《中国劳动力素质提升对产业升级的促进作用分析》	梁泳梅
23	《中国少数民族犯罪及其对策研究》	吴大华
24	《中国西部地区优势产业发展与促进政策》	赵果庆
25	《主权财富基金监管研究》	李　虹
26	《专家对第三人责任论》	周友军

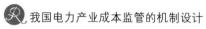

第四批《中国社会科学博士后文库》（2015 年出版）

序号	书　名	作　者
1	《地方政府行为与中国经济波动研究》	李　猛
2	《东亚区域生产网络与全球经济失衡》	刘德伟
3	《互联网金融竞争力研究》	李继尊
4	《开放经济视角下中国环境污染的影响因素分析研究》	谢　锐
5	《矿业权政策性整合法律问题研究》	郗伟明
6	《老年长期照护：制度选择与国际比较》	张盈华
7	《农地征用冲突：形成机理与调适化解机制研究》	孟宏斌
8	《品牌原产地虚假对消费者购买意愿的影响研究》	南剑飞
9	《清朝旗民法律关系研究》	高中华
10	《人口结构与经济增长》	巩勋洲
11	《食用农产品战略供应关系治理研究》	陈　梅
12	《我国低碳发展的激励问题研究》	宋　蕾
13	《我国战略性海洋新兴产业发展政策研究》	仲雯雯
14	《银行集团并表管理与监管问题研究》	毛竹青
15	《中国村镇银行可持续发展研究》	常　戈
16	《中国地方政府规模与结构优化：理论、模型与实证研究》	罗　植
17	《中国服务外包发展战略及政策选择》	霍景东
18	《转变中的美联储》	黄胤英

第五批《中国社会科学博士后文库》（2016 年出版）

序号	书　名	作　者
1	《财务灵活性对上市公司财务政策的影响机制研究》	张玮婷
2	《财政分权、地方政府行为与经济发展》	杨志宏
3	《城市化进程中的劳动力流动与犯罪：实证研究与公共政策》	陈春良
4	《公司债券融资需求、工具选择和机制设计》	李　湛
5	《互补营销研究》	周　沛
6	《基于拍卖与金融契约的地方政府自行发债机制设计研究》	王治国
7	《经济学能够成为硬科学吗？》	汪毅霖
8	《科学知识网络理论与实践》	吕鹏辉
9	《欧盟社会养老保险开放性协调机制研究》	王美桃
10	《司法体制改革进程中的控权机制研究》	武晓慧
11	《我国商业银行资产管理业务的发展趋势与生态环境研究》	姚　良
12	《异质性企业国际化路径选择研究》	李春顶
13	《中国大学技术转移与知识产权制度关系演进的案例研究》	张　寒
14	《中国垄断性行业的政府管制体系研究》	陈　林

第六批《中国社会科学博士后文库》（2017 年出版）

序号	书　名	作　者
1	《城市化进程中土地资源配置的效率与平等》	戴媛媛
2	《高技术服务业进口技术溢出效应对制造业效率影响研究》	华广敏
3	《环境监管中的"数字减排"困局及其成因机理研究》	董　阳
4	《基于竞争情报的战略联盟关系风险管理研究》	张　超
5	《基于劳动力迁移的城市规模增长研究》	王　宁
6	《金融支持战略性新兴产业发展研究》	余　剑
7	《清乾隆时期长江中游米谷流通与市场整合》	赵伟洪
8	《文物保护经费绩效管理研究》	满　莉
9	《我国开放式基金绩效研究》	苏　辛
10	《医疗市场、医疗组织与激励动机研究》	方　燕
11	《中国的影子银行与股票市场：内在关联与作用机理》	李锦成
12	《中国应急预算管理与改革》	陈建华
13	《资本账户开放的金融风险及管理研究》	陈创练
14	《组织超越——企业如何克服组织惰性与实现持续成长》	白景坤

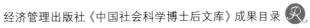

第七批《中国社会科学博士后文库》（2018年出版）

序号	书名	作者
1	《行为金融视角下的人民币汇率形成机理及最优波动区间研究》	陈 华
2	《设计、制造与互联网"三业"融合创新与制造业转型升级研究》	赖红波
3	《复杂投资行为与资本市场异象——计算实验金融研究》	隆云滔
4	《长期经济增长的趋势与动力研究：国际比较与中国实证》	楠 玉
5	《流动性过剩与宏观资产负债表研究：基于流量存量一致性框架》	邵 宇
6	《绩效视角下我国政府执行力提升研究》	王福波
7	《互联网消费信贷：模式、风险与证券化》	王晋之
8	《农业低碳生产综合评价与技术采用研究——以施肥和保护性耕作为例》	王珊珊
9	《数字金融产业创新发展、传导效应与风险监管研究》	姚 博
10	《"互联网+"时代互联网产业相关市场界定研究》	占 佳
11	《我国面向西南开放的图书馆联盟战略研究》	赵益民
12	《全球价值链背景下中国服务外包产业竞争力测算及溢出效应研究》	朱福林
13	《债务、风险与监管——实体经济债务变化与金融系统性风险监管研究》	朱太辉

第八批《中国社会科学博士后文库》（2019 年出版）

序号	书　名	作　者
1	《分配正义的实证之维——实证社会选择的中国应用》	汪毅霖
2	《金融网络视角下的系统风险与宏观审慎政策》	贾彦东
3	《基于大数据的人口流动流量、流向新变化研究》	周晓津
4	《我国电力产业成本监管的机制设计——防范规制合谋视角》	杨菲菲
5	《货币政策、债务期限结构与企业投资行为研究》	钟　凯
6	《基层政区改革视野下的社区治理优化路径研究：以上海为例》	熊　竞
7	《大国版图：中国工业化 70 年空间格局演变》	胡　伟
8	《国家审计与预算绩效研究——基于服务国家治理的视角》	谢柳芳
9	《包容型领导对下属创造力的影响机制研究》	古银华
10	《国际传播范式的中国探索与策略重构——基于会展国际传播的研究》	郭　立
11	唐代东都职官制度研究	王　苗

《中国社会科学博士后文库》
征稿通知

为繁荣发展我国哲学社会科学领域博士后事业，打造集中展示哲学社会科学领域博士后优秀研究成果的学术平台，全国博士后管理委员会和中国社会科学院共同设立了《中国社会科学博士后文库》（以下简称《文库》），计划每年在全国范围内择优出版博士后成果。凡入选成果，将由《文库》设立单位予以资助出版，入选者同时将获得全国博士后管理委员会（省部级）颁发的"优秀博士后学术成果"证书。

《文库》现面向全国哲学社会科学领域的博士后科研流动站、工作站及广大博士后，征集代表博士后人员最高学术研究水平的相关学术著作。征稿长期有效，随时投稿，每年集中评选。征稿范围及具体要求参见《文库》征稿函。

联系人：宋　娜

电子邮箱：epostdoctoral@126.com

通讯地址：北京市海淀区北蜂窝 8 号中雅大厦 A 座 11 层经济管理出版社《中国社会科学博士后文库》编辑部

邮编：100038

经济管理出版社